LES HOMMES D'ÉPÉE

PAR LE BARON DE VAUX

Préface par Aurélien Scholl

Illustrations de MM.

ARCOS, BERNE-BELLECOUR, E. DE LIPHART
A. FERDINANDUS, FEYEN-PERRIN, J. JACQUEMART, JEANNIOT
LE NATUR, T. LEPIC, G. MERLET, MESPLÈS
OUDART, POILPOT, PRINCETEAU
P. ROBERT, SARGENT, A. STEVENS

PARIS
ÉDOUARD ROUVEYRE
ÉDITEUR
1 Rue des Sts Pères 1
1882

PARIS

ART, LETTRES, SPORT

AVIS AU RELIEUR

Des exigences de mise en page n'ayant pas permis à l'éditeur de classer la plupart des portraits comme ils devaient l'être, le relieur aura soin de remédier à cet état en les plaçant en face des pages indiquées ci-dessous entre parenthèses :

TABLE DES DESSINS ET DES GRAVURES

**

BARON DE VAUX

LES

HOMMES D'ÉPÉE

PRÉFACE

PAR

AURÉLIEN SCHOLL

PARIS

ÉDOUARD ROUVEYRE

ÉDITEUR

1, Rue des Saints-Pères, 1

1882

LES

HOMMES D'ÉPÉE

Tirage à Six cent cinquante exemplaires tous numérotés

Nos 1 à 10	Exemplaires sur	papier du Japon.
Nos 11 à 25	—	papier de Chine.
Nos 26 à 50	—	Whatman.
Nos 51 à 650	—	papier vergé.

Exemplaire No Dépôt

Couverture imprimée en couleurs, composée par LE NATUR *et* A. FERDINANDUS; *titre rouge et noir, frontispice et deux planches à l'eau-forte gravés par* J. JACQUEMART *et par* F. OUDART; *quinze en-têtes, lettres ornées et culs-de-lampe, dessinés et composés spécialement pour ce volume par* MESPLÈS, *et vingt-quatre portraits inédits de* MM. ARCOS, BERNE-BELLECOUR, FEYEN-PERRIN, JEANNIOT, T. LEPIC, E. DE LIPHART, G. MERLET, POILPOT, PRINCETEAU, P. ROBERT, ROSSET-GRANGER, SARGENT, A. STEVENS.

A mon cher professeur L. Caïn

En vous dédiant ce livre,
mon cher Maître, je tâche d'acquitter ma dette
au talent, au souvenir et à l'amitié.

Bon de Vaux

En portraicturant ici les Hommes d'épée, l'auteur n'a pas eu l'intention de les classer; il fait un rapport et ne décore pas. Ce serait difficile de *handicaper* des tireurs comme ceux dont il parle. Esquisser la physionomie des meilleurs et des plus sympathiques d'entre eux, tel a été son but.

PRÉFACE

Les Hommes d'épée *sont une galerie comme le Musée Grévin. Grévin a pris ses personnages un peu partout et les a modelés en cire; le baron de Vaux a pris les siens dans les salles d'escrime et les a dessinés à la plume.*

Un personnage manque à sa galerie, et ce personnage c'est lui-même. Amoureux du fleuret et friand de la lame, le baron de Vaux connaît tous les maîtres et tous les tireurs de Paris; il a ses grandes entrées dans toutes les salles, et suit les assauts avec une régularité, une persistance aussi opiniâtres que celles que met M. Francisque Sarcey à suivre les premières représentations.

Pas une première sans Sarcey, pas un assaut sans le baron de Vaux. Chacun prend son sacerdoce où il le trouve.

Jamais l'escrime n'a été en honneur autant qu'aujourd'hui. On ferraille dans les écoles, dans les lycées, partout. Chaque hôtel a sa salle d'armes comme il avait sa salle de bains.

L'escrime assouplit les membres et trempe les caractères. C'est la seule gymnastique qui présente ce double avantage; l'esprit y gagne en vigueur comme le corps.

J'ai lu, dans le récit d'un voyageur, que les Arabes ont dix mots pour dire cheval, *pas un pour dire* honneur. *En France, au contraire,* honneur *a de nombreux synonymes et des acceptions plus nombreuses encore.*

Nous avons l'honneur militaire, l'honneur commercial, l'honneur du joueur, et vingt autres espèces d'honneur.

Un homme est appelé l'honneur de la magistrature, l'honneur du journalisme, l'honneur de sa famille. Une femme est qualifiée l'honneur de son sexe, l'honneur de son quartier, l'honneur de l'atelier.

On dit d'un homme qui ne paie pas ses billets qu'il ne fait pas honneur à sa signature. Son créancier le traite de filou; l'homme se bat, on le déclare homme d'honneur, et on ne dira rien de celui qui a simplement payé son billet.

Le mot et la chose prêtent à tant de controverses qu'on a été obligé d'inventer le point d'honneur.

Le point d'honneur est le caractère de chaque situation et de chaque profession, une fierté relative.

Dites à un écrivain qu'il est mauvais colonel et à un colonel qu'il est un mauvais écrivain, vous ne ferez tressaillir ni l'un ni l'autre. Renversez l'appréciation, et vous serez à l'instant provoqué ou dévoré.

Le duel, si souvent discuté, blâmé, condamné, est utile à un point de vue indiscutable : c'est qu'il supplée la plupart du temps à l'insuffisance de la justice légale.

On a prétendu que le duel n'offre pas à l'offensé le moyen de réparer le tort qui lui a été fait. Matériellement, non ; moralement, oui. Quel que soit le blessé, l'offense est lavée par le seul fait du combat. Ainsi l'a voulu l'opinion.

C'est pour ne pas autoriser la loi du talion que la plupart des États traitent le duel avec modération.

Évidemment, dans le cas où l'homme a soif de vengeance, l'assassinat serait un moyen plus sûr ; mais, précisément, l'égalité du péril, la loyauté du combat, donnent au duel une couleur chevaleresque qui ne permet pas aux esprits les plus prévenus de le confondre avec une manœuvre criminelle.

Qu'on abuse un peu de l'épée par le temps qui court, qu'on aille sur le terrain pour des futilités, le fait est certain. C'est une manie de l'époque, mais qui, jusqu'à présent, n'a pas amené de grands désastres. Quand l'honneur est déclaré satisfait, il faut bien qu'il le soit.

Le jour où le législateur voudra poursuivre sérieusement le duel, il n'aura qu'à se reporter au règlement des maréchaux de France (1679) :

« *Celui qui aura offensé par parole subira quatre mois de prison, et, à sa sortie, il devra demander pardon à celui qu'il aura offensé.*

« *En cas de coups précédés d'un démenti, l'agresseur subira un an de prison; si les coups n'ont pas été précédés d'un démenti, l'agresseur subira deux ans de prison. A sa sortie, il devra se soumettre à recevoir de la main de l'offensé des coups pareils à ceux qu'il aura donnés.*

« *Quiconque sera convaincu d'avoir commis une injure à coups de bâton, canne ou arme de pareille nature, avec préméditation, par surprise ou avec avantage, subira quinze ans de prison.*

« *Celui qui aura frappé par derrière et avec avantage, soit seul, soit en se faisant accompagner, sera puni de vingt ans de prison...* »

Au bas de ce règlement, on rencontrait les signatures des maréchaux de Villeroy, de Grancey, duc de Navailles, d'Estrades, Montmorency-Luxembourg.

Au XVIIIe *siècle, les philosophes s'attachèrent à déraciner le duel. Tout le monde connaît l'éloquente protestation de J.-J. Rousseau; et, malgré Richelieu et les édits, malgré les maréchaux et les philosophes, le duel est encore le grand réconciliateur.*

Que d'adversaires d'un jour sont devenus de véritables amis, et combien souvent nous voyons passer, bras dessus bras dessous, sur le boulevard, des hommes qui ont croisé le fer et ne s'en estiment que davantage!

Le baron de Vaux n'a pas voulu entrer dans toutes ces considérations. Il ne discute pas, il raconte. Il a pris son temps comme il l'a trouvé. Des artistes éminents ont jeté un coup de crayon, un trait, une physionomie, dans ces pages empreintes d'une modernité typique, si bien que les Hommes d'épée *sont à la fois un livre et un album.*

L'ami du docteur Véron, le célèbre Guillaume, qui en trente-cinq années ne manqua ni une répétition ni une représentation de l'Opéra, se piquait de connaître si bien le personnel du ballet qu'il proposa un jour le pari suivant. On réunirait toutes ces dames de la danse dans le grand salon des Frères Provençaux, suffisamment chauffé pour la circonstance. On leur envelopperait la figure — mais la figure seulement — de voiles assez épais pour cacher complètement leurs traits; — et rien qu'à l'inspection de leur personne, des épaules jusqu'aux genoux, Guillaume se faisait fort de les nommer toutes l'une après l'autre. Le pari fut tenu et Guillaume le gagna.

Le baron de Vaux a proposé un pari tout aussi singulier. C'est à lui qu'on banderait les yeux; après quoi, les vingt tireurs les plus connus dans les salles d'armes de Paris feraient assaut tour à tour en sa présence sans rien changer à leurs habitudes. Rien qu'au jeu de l'épée, au cliquetis du fer, à la rapidité des parades, le baron prétendait qu'il saurait nommer les jouteurs. — Le comte S... tint le pari et le perdit.

Il est tout naturel qu'un dilettante aussi passionné n'ait pas voulu laisser dans l'ombre ceux de ses contemporains qui ont plus ou moins pratiqué l'art de l'escrime. Le baron de Vaux a fait pour les Hommes d'épée *ce que plusieurs critiques du lundi ont fait pour les artistes dramatiques. Il a voulu fixer ces physionomies parisiennes, si passagères et si fugaces. Et qui sait? un romancier ou un auteur dramatique viendra peut-être, dans cinquante ans, choisir ses personnages dans cette galerie du* XIXe *siècle.*

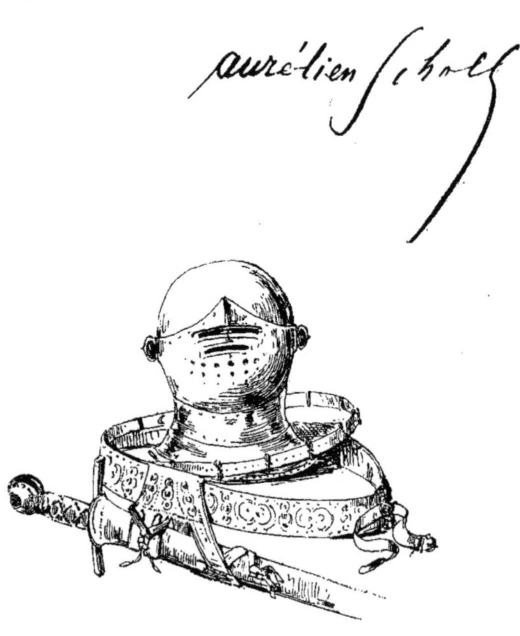

PARIS

ART — LETTRES — SPORT

LES HOMMES D'ÉPÉE

MAITRES D'ARMES PARISIENS

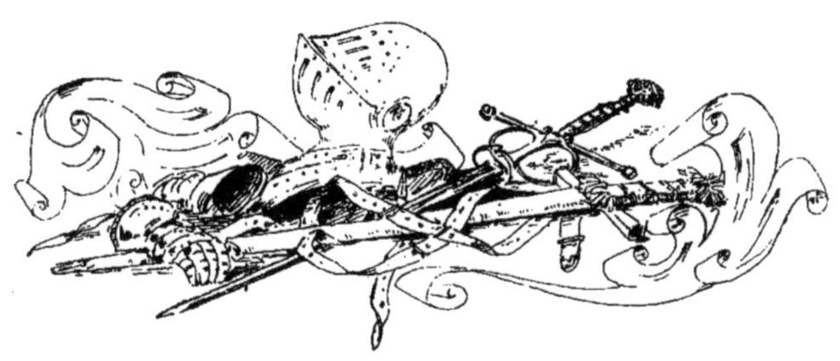

VIGEANT

Ami lecteur, si, comme escrimeur, il vous arrive quelque jour de pénétrer dans la maison qui porte le numéro 91 de la rue de Rennes, au deuxième étage, un fort gaillard que vous reconnaîtrez facilement pour un prévôt d'armes, viendra vous ouvrir et vous introduira dans le cabinet du maître. Votre attention sera frappée : sur la cheminée, un vieux bois du XVIIe siècle, représentant saint Michel, le patron des escrimeurs ; à côté, un Don Quichotte l'épée à la main, étudie gravement, dans un livre, des bottes qui ne sont plus secrètes depuis longtemps ; et ne serait-ce pas à la présence du héros de Cervantès dans un cabinet qu'on pourrait attribuer l'horreur invincible que professe le maître de céans pour les coups d'épée dans l'eau ?

Dans les coins dorment des fleurets ; sur les murs, d'anciennes et rares gravures d'escrime et de duels ; le portrait en pied du maître, signé Carolus Duran ; à droite et à gauche, deux superbes bibliothèques renfermant tout ce qui a été écrit depuis plus de trois cents ans sur l'art des armes, collection peut-être unique ; au milieu, une table chargée de livres, d'une plume et d'un fleuret.

C'est là que le gentleman master, comme l'appellent les Anglais, donne ses consultations ; c'est là que sont combinés les plans de cet artiste qui pousse fièrement, trop fièrement peut-être, à la grandeur de son art et à l'indépendance de son enseignement.

Vigeant, à ce nom maîtres et amateurs dressent l'oreille ; déjà j'entends les discussions passionnées autour de celui à qui, convenons-en, l'art de l'escrime doit beaucoup.

Et en effet, par sa dignité et son savoir, son exécution et son enseignement, Vigeant n'a pas peu contribué à relever le prestige du maître d'armes et à mettre en relief son rôle dans l'éducation de la jeunesse et les nobles distractions de l'homme fait.

Je ne vous dépeindrai pas le physique du jeune maître, il est trop connu dans le monde de l'épée, et, quelque étrange que vous paraisse ici la chose, je n'essayerai pas davantage de vous décrire ce jeu qui, si finement, se transforme en raison des actions et du caractère adverses; la tâche serait d'ailleurs difficile.

Il appartient par son père et par Bonnet, dont il fut le disciple favori, à l'école du célèbre Jean-Louis, et c'est à Bordeaux qu'il fit ses essais et ses préparations en vue de Paris, où il vint débuter en 1872.

Son talent lui assura vite renommée et position; le maître gentleman devint à la mode, mais peu maniable.

Son humeur difficile fit trop remarquer l'éclat doré de son épée.

Comme autrefois le vaillant et boudeur Achille, Vigeant semble maintenant s'être retiré sous sa tente; je croirais plutôt qu'il se recueille, méditant encore quelques-unes de ces surprises qui se traduisent en secousses fortes, il est vrai, mais toujours profitables à cet art qui réclame des stimulants.

Tout homme, dit un vieil adage, trouvera écrite quelque part sa destinée; le Maître a trouvé : *ense vigeant* et c'est sa devise.

Celle écrite dans nos anciennes salles d'armes était, rappelons-le :

Salut aux armes, respect aux maîtres.

MIMIAGUE

Tous les vrais amateurs connaissent la belle salle d'armes de la rue de Richelieu, qui, non sans raison, est un peu considérée comme la métropolitaine de l'escrime parisienne aujourd'hui.

Maîtres, amateurs et dilettanti du fleuret s'y donnent rendez-vous, certains qu'ils sont d'y voir souvent de forts et brillants assauts.

C'est là que trône Mimiague, le type parisien par excellence du maître d'armes greffé sur le meilleur caractère militaire qu'il soit possible de rencontrer. — Cinquante et quelques printemps n'ont pu vieillir ce digne représentant de la bonne école; toujours gai, droit, taillé en athlète, et capable de rendre à n'importe quel anglais cinq bifteacks sur dix à son déjeuner.

Mimiague, après des débuts assez pénibles et des luttes contre la destinée rebelle, est arrivé aujourd'hui, par son talent et l'autorité de sa situation, à se trouver à la tête des mouvements de son art, dont il est encore un des plus fermes champions.

C'est au sortir des mains du célèbre Jean-Louis qu'il vint à Paris, quitta le brillant uniforme de premier maître d'escrime des zouaves, et contraignit patiemment et laborieusement la fortune à lui sourire; ce fut justice.

Maintenant, riche et posé, entouré de nombreux et forts elèves, dont il est autant l'ami que le maître, et à la tête desquels je dois citer MM. le comte de l'Angle-Beaumanoir, Guignard, de Villiers, Tony Girard, Sarlin de Villeneuve, capitaine Dérué, de Quelin, etc., etc., Mimiague est encore un travailleur infatigable et passe à bon droit pour l'un des premiers démonstrateurs connus.

« Si peu doué que soit un élève, dit-il quelquefois,

j'arrive toujours à en tirer quelque chose. » N'allez pas croire à quelque gasconnade de sa part : ce qu'il dit, il l'a maintes fois prouvé.

Comme tireur, Mimiague appartient à l'école classique, et croit avec raison qu'il vaut mieux prêcher par l'exemple que par la parole. Aussi, dans les assauts qu'il a soutenus contre Pons, Robert aîné, etc., l'avons-nous toujours vu observer rigoureusement les principes d'une tenue où l'élégance et la correction ne laissaient pas plus à désirer que la rapidité et la précision des mouvements.

Absolument maître de lui-même, Mimiague est doué d'une agilité extrême et d'une souplesse de corps peu commune. Son doigté est d'une grande finesse; il possède le sentiment de l'épée comme personne, et à son extrême légèreté de main il joint une vitesse de détente remarquable. Les coups de bouton qu'il donne sont nettement posés.

Il n'a pas de jeu proprement dit ; il est, selon les exigences, attaqueur, pareur ou riposteur ; ses attaques, parades, ripostes et contre-ripostes sont variées à l'infini. Il excelle surtout dans les attaques sur préparation et sur changement d'engagement. Ses ripostes sont celles du tac au tac ; il les alterne quelquefois avec les dégagements et les coupés-dégagés en pointe volante. Son jeu de contre-ripostes est toujours très habilement exécuté.

Mimiague est un des huit meilleurs plastrons démonstrateurs de Paris.

Maintenant, prenez rétrospectivement dans cette galerie les quelques portraits que j'ai exquissés de ses forts élèves, formez un tout de leurs qualités les plus saillantes, laissez de côté les défectuosités, s'il y en a, et vous aurez le Mimiague des plus beaux jours, l'épée à la main.

Je ne veux pas m'étendre davantage sur ce sympathique maître; il aime assez peu, dit-on, qu'on s'occupe de lui : la moutarde lui monterait au nez, peut-être, et je serais alors terrifié à cette seule idée de me trouver un jour ou l'autre à portée de sa terrible... fourchette.

CAÏN

CAÏN est aujourd'hui un des professeurs bien connus de la capitale, et s'était déjà acquis une réputation hors ligne dans l'armée, avant de prendre, en 1874, la direction de cette ancienne salle d'armes du passage de l'Opéra, qui, depuis plus d'un demi-siècle, a été souvent le refuge et la providence de nos jeunes friands de la lame.

Caïn a quarante ans environ et possède les qualités sérieuses qui caractérisent à la fois le tireur et le démonstrateur; il s'est formé dans l'armée, d'où nous sont venus nos meilleurs maîtres, et là déjà il s'était montré le défenseur zélé des bonnes traditions de notre escrime.

La campagne d'Italie et la guerre de 70-71 le virent faire crânement son devoir; peu après il quittait le service militaire pour prendre dans l'enseignement de l'escrime parisienne la place qu'il occupe aujourd'hui, c'est-à-dire une des premières places.

Son mérite, son ardeur et son caractère le firent bientôt entourer d'élèves dévoués, dont plusieurs comptent aujourd'hui parmi nos meilleurs tireurs, et sa salle fut aussi estimée pour sa tenue que pour le ton aimable et poli que le maître sut y conserver.

Là se retrouvent en effet plusieurs des anciens usages de nos antiques salles d'armes à peu près oubliés aujourd'hui; ce qui vous change agréablement des allures communes et cavalières qu'affectent quelquefois bon nombre de nos jeunes élégants, qui vont, par mode et à heure fixe, enfumer leur salle d'armes et dormir sur ses banquettes.

Enfin, Caïn appartient à cette catégorie des artistes travailleurs qui, avant tout, réclament des résultats sérieux; un progrès, un succès obtenu par ses élèves, lui donne à coup sûr plus de satisfaction qu'un bon assaut fourni par lui-même.

Amoureux passionné de son art, il a fait plus encore, et je n'hésite pas à donner la chose en exemple aux maîtres d'armes et à nos forts amateurs.

Caïn a voulu devenir un érudit, et il a puisé dans bon nombre de livres d'escrime anciens et modernes des connaissances aussi utiles que variées.

Le jeu de Caïn a beaucoup de vitesse et surtout beaucoup de finesse. Il est de tous les maîtres d'armes de Paris celui qui sait le mieux peut-être utiliser la science de l'escrime. Il affectionne cependant les coups droits et les dégagements sous les armes; il pare très-vite et très juste les contres de pied ferme. Ses ripostes du tac au tac sont aussi merveilleuses de rapidité que ses coupés-dégagés ; tout en lui est doué du reste de la même agilité, de la même flexibilité. Caïn est un tireur de tête par excellence : voyez-le dans un assaut, c'est presque toujours son jugement et sa tête qui le servent. Il ne prépare rien, il improvise, et malgré cela c'est encore lui qui enlève la galerie par son jeu à sensation.

Il a donc droit à la situation qu'il a pu se créer; il a rendu à son art de véritables services.

Beaucoup d'entre nous les ont appréciés ; aussi puis-je affirmer avec conviction que la place de ce maître restera marquée dans la bonne escrime de notre époque.

ROULEAU

Une agitation inaccoutumée régnait, ces temps derniers, dans la paisible académie d'armes de la rue des Pyramides.

Qui l'eût cru ? Pons, son éminent et zélé professeur, s'était déclaré octogénaire, et sagement réclamait un bras droit, un *alter ego;* mais la chose n'était pas facile : où trouver un candidat libre qui réunirait le talent à toutes les qualités requises pour un pareil emploi ?

Dans cette élégante salle, en effet, sont inscrits bon nombre de forts amateurs, appartenant pour la plupart à l'aristocratie ; c'est là le rendez-vous des fines lames du faubourg Saint-Germain.

L'Académie d'armes (seule elle a osé conserver ce nom) nous reste comme un souvenir vivant des usages et traditions des anciennes académies d'armes de nos pères, chez qui, l'épée à la main, brillaient toujours la fierté, l'émulation et l'exquise politesse.

Tout à coup, on sut que le maître qui, dans l'escrime de l'armée, occupait la première place, avait accepté d'aider à la direction de ce sanctuaire du fleuret.

On applaudit, car il ne pouvait être fait de meilleur choix.

Rouleau, c'est bien de lui qu'il s'agit, a peut-être un peu dépassé la quarantaine, mais il a conservé les allures vives et le caractère enjoué du jeune homme.

Sa taille moyenne et bien prise supporte une tête fine, parfois railleuse, mais sympathique, éclairée de deux yeux souriants qui, sous le masque, mêlent parfois leurs éclairs aux reflets de sa lame hardie et puissante.

Tous nos dilettanti en armes connaissent ce talent si net et si fin, que les exigences militaires nous ont souvent dérobé, mais qui sûrement, maintenant, atteindra la renommée qu'il mérite, et prendra sa place parmi les premiers.

Rouleau, comme exécutant, s'est fait déjà connaître par les assauts qu'il a soutenus contre Vigeant et Mérignac.

Ses connaissances dans l'enseignement de son art ont fait loi dans l'armée et sont déjà appréciées et fort goûtées à Paris.

Le maître accuse en effet, à un degré éminent, tout ce qui caractérise le démonstrateur.

Peu possèdent comme lui cette aculté, entre autres, qui consiste, chez le professeur, à savoir parler dans le cours de ses leçons, non avec la voix, mais par les sensations de sa lame. Dès que l'élève a franchi les premiers obstacles, par elle le maître s'exprime et communique sa volonté ; il arrive dans l'action à pouvoir supprimer presque toute explication, ce qui, pour l'étude de l'à-propos et de la décision, économise à l'élève un temps considérable.

Tous les fervents de l'épée me comprendront ; ils savent que le vrai professeur ès armes se révèle souvent ainsi, et ce titre appartient certainement à Rouleau.

Son honorabilité, son parfait caractère, complètent cette personnalité, dont le rôle s'accentuera de plus en plus, secondé qu'il sera par de la fermeté et de l'initiative.

Plus que chez tout autre, ces dernières qualités sont nécessaires chez le maître d'armes ; tout artiste d'ailleurs est incomplet sans elle, et n'obtient guère qu'une renommée éphémère et inconstante.

MÉRIGNAC

DEPUIS quelque temps déjà je m'évertue à démêler les mobiles divers qui poussent certaines personnes à tirer si furieusement sur toutes les cordes, j'allais dire les ficelles, qui tendront à placer Mérignac sur des assises

L. CAÏN

assez hautes pour défier toute atteinte, assez solides pour ne craindre aucun choc.

Certes, plus que tout autre j'applaudis aux nobles sentiments, malheureusement trop rares, d'admiration et de dévouement que doivent pratiquer les disciples pour leur maître, et je m'incline surtout si ces sentiments sont désintéressés.

Mais qu'est-ce donc que cette petite Église, où je distingue, à défaut de fervents, bon nombre de pontifes en quête de prosélytes et cherchant à s'arroger le droit exclusif de distribuer indulgences, bénédictions, réputations, etc. ?

Sa bannière est-elle bien celle de Mérignac? J'en doute, et suis même très disposé à le séparer de ce qui n'est peut-être pas sa propre cause.

Dans tous les cas, je le préférerai sans tutelle, agissant en maître, avec des opinions personnelles et arrêtées; l'art y gagnerait et le mérite professionnel aussi. Je n'insiste pas.

Mérignac est à coup sûr un des grands noms de l'escrime française, et personne n'hésite à reconnaître en lui un tireur de premier ordre et de grande allure.

Son père, qui laisse une sérieuse réputation de démonstrateur, a su très habilement tirer parti de ses puissantes qualités physiques.

Mérignac fils eut bientôt fait sa trouée dans la renommée parisienne ; dès l'âge de dix-huit ans on le vit figurer dans les assauts sous le nom du Tireur-Noir; il grandit dans nos premières salles d'armes, et ces dernières années l'ont vu se poser en émule de Vigeant.

Leurs fulgurants assauts sont encore dans la mémoire de tous les escrimeurs.

Mérignac a aujourd'hui trente-six ans; très brun, bien pris, la nature l'a certainement formé pour la carrière qu'il devait parcourir. Sa taille est moyenne, le corps mince, les jambes très fortes, des mains d'hercule, et avec cela, ce qui n'est pas à dédaigner pour un attaqueur, un pied qui chausse très bien de grandes sandales.

Si à ces avantages vous joignez une forte dose de sang-froid et de possession de lui-même en public, vous pourrez prévoir quel adversaire est ce maître, l'épée à la main.

Quelqu'un a dit avec raison que son attaque était le dernier mot de la puissance en armes.

Que puis-je lui souhaiter encore, si ce n'est de lui voir former des élèves à son image?

DÉSIRÉ ET GEORGES ROBERT

C'est rue du Helder que Désiré et Georges Robert sont venus s'installer, lorsque ce dernier a quitté la rue Saint-Marc. Ces deux excellents professeurs, qui auraient été trop à l'étroit dans l'ancienne salle de Robert aîné, ont créé, sous la présidence du général des Essarts, un cercle d'escrime qui compte de bons et nombreux élèves. Leur salle est coquette et très confortablement

VIGEANT

installée. Chaque année ont lieu des assauts qui sont forr suivis, par le soin qu'apportent ces deux maîtres à leur organisation, et aussi par le choix des tireurs qu'ils présentent au public d'élite qui assiste toujours à ces fêtes.

Désiré Robert est un vrai maître, qui a été formé à l'école de son père, c'est-à-dire à celle de La Boëssière, et aux grandes traditions du XVIIIe siècle. Très petit de taille, il a le teint bistré du créole et les cheveux absolument crépus. C'est un homme jeune encore, âgé de trente-cinq ans environ, très intelligent et très sympathique.

C'est un des professeurs les plus appréciés dans les assauts. Sa main est d'une très grande finesse et surtout d'une très grande légèreté. Sa garde est correcte et rappelle un peu celle de son frère. Il attaque le plus souvent en marchant par les une-deux et trompez le contre, ou le battement par changement d'engagement. Il est doué d'un très grand sang-froid, toujours en ligne ; il pare et riposte avec une vitesse et une justesse remarquables. Ses attaques de pied ferme sont les une-deux sur préparation et sur changement d'engagement. C'est un tireur de tête, qui possède un jeu vraiment classique fort apprécié de tous les véritables amateurs. Dans un concours qui eut lieu à Vincennes, il remporta les plus brillants succès sur un des plus forts moniteurs de cette école.

Georges Robert, qui est le plus jeune de cette famille d'escrimeurs, est élève de son père. Il occupe dans le monde de l'escrime une des meilleures places. C'est un jeune homme, à moustache et barbe d'un blond cendré ; il approche la trentaine. Fort bien pris, de taille un peu plus élevée que son oncle, il est doué d'une vigueur peu commune; sa figure est expressive et ses yeux intelligents.

Son jeu fin, élégant, est d'une grande vitesse; il pèche peut-être par des excès de mouvements de parade, de doubles-contres opérés même sur des feintes.

Ses attaques préférées sont les battements en quarte par changement d'engagement. Il rompt presque toujours sur les menacés et en exécutant ses parades.

Dans les assauts, Georges Robert s'est toujours distingué; je l'ai toujours vu tenir tête aux tireurs de première force.

RUZÉ PÈRE ET FILS

Si les années de services se comptaient dans le monde de l'escrime comme dans le monde de l'armée, Ruzé aurait droit à je ne sais combien de chevrons, car il y a près de quarante ans qu'il est sur la brèche. Malgré cela, Ruzé, qui a aujourd'hui soixante ans sonnés, a conservé toute la fougue de la jeunesse; il est infatigable et sa vigueur est réellement extraordinaire. Admirablement placé en garde, il attaque vite et par des trompements d'épée, toujours de pied ferme. C'est un gaucher qui possède toutes les finesses de l'escrime. Pour le combattre victorieusement, il faut être animé d'un grand sang-froid. Sa salle, qui est située rue de la Bienfaisance, compte de nombreux élèves. Elle est très spacieuse, bien aérée, et décorée avec beaucoup de goût.

Le fils aîné de Ruzé, qui s'est fait remarquer dans tous les assauts, est un tireur de premier ordre, dont la régularité et la finesse du jeu méritent une mention spéciale, et dont les une-deux sont superbes de rapidité.

C'est un jeune homme de vingt-cinq ans, de taille moyenne, solidement bâti et bien musclé.

Doué d'une grande souplesse, il est bien placé en garde, et ses ripostes du tac au tac sont d'une correction hors ligne.

C'est un tireur de grande valeur, avec lequel les forts en thème du fleuret ont toujours à compter.

Son plus jeune frère, qui vient d'avoir vingt ans, est un tireur plein d'avenir. Son jeu est plein de régularité. Son poignet vigoureux maintient correctement le fer dans sa ligne; il tire avec sang-froid et finesse.

MAROTTE

Marotte est adjudant maître d'armes au 12e d'artillerie, mais il prend si souvent part aux assauts publics qui sont donnés par les maîtres d'armes civils, qu'il mérite de figurer dans cette galerie. C'est un homme d'une quarantaine d'années, au teint coloré. Il est de taille au-dessus de l'ordinaire, vigoureux et bien pris.

C'est une belle tête de soldat bien campé, vrai type du professeur militaire. C'est un tireur souple, facile, pratiquant les ripostes d'octave avec beaucoup de succès. Ses attaques, qui ont toujours lieu avec à-propos, lui ont valu la réputation d'un tireur de tête.

PELLERIN

PELLERIN ferme dignement la galerie de choix des professeurs parisiens dont les personnalités bien connues devaient être ici présentées, afin de donner une teinte bien définie aux physionomies des tireurs leurs élèves, que j'ai esquissés d'une façon sinon complète, du moins variée, par les différentes écoles auxquelles ils appartiennent.

Agé de quarante ans environ, d'une figure avenante, de taille élevée, mais mince et maigre, sec et nerveux, Pellerin, qui, lui aussi, nous est venu de l'armée, se heurta, à son arrivée à Paris, vers 1865, aux longues et dures difficultés que le sort se plaît parfois à semer sur la route des vrais artistes ; mais il était patient et tenace ; il lutta, son étoile finit par briller, et il devint un des maîtres aimés et posés de la capitale.

Il est depuis plusieurs années attaché au cercle artistique et littéraire de la rue de Volney, dont la salle

MIMIAGUE

d'armes a, sous son impulsion et par ses soins, acquis une réelle notoriété.

Toute une pépinière de jeunes artistes, de gens du monde, sont assidus aux leçons, que le maître sait rendre aussi sérieuses qu'utiles, ce qui n'est pas facile dans un grand cercle.

En homme sensé et prévoyant, Pellerin s'est réservé des jours pour sa salle particulière, une claire et charmante salle, à portée des boulevards, et où se rencontrent de vrais amateurs d'armes, aimant peu le bruit et l'éclat, mais beaucoup la belle et bonne besogne.

A des tireurs de ce caractère, Pellerin devait forcément convenir, car lui-même cherche assez l'ombre, trop peut-être ; et si je soulève un peu le voile aujourd'hui, c'est non pas seulement pour éclairer sa personnalité, mais lui rendre justice, en déplorant les éclipses, même provisoires, de certains grands talents en escrime, qui ne se produisent pas assez, au détriment, crois-je, de leur renommée et de leur position.

Certes, je ne fais pas un crime à Pellerin de sa modestie, c'est une qualité trop rare, surtout dans le monde de l'escrime, mais je le voudrais plus en relief, plus répandu, plus accusé enfin.

Tel qu'il est, Pellerin n'en compte pas moins parmi nos premiers maîtres, car son enseignement a produit et produira encore des résultats dont notre escrime devra se montrer fière et reconnaissante.

J'ai parlé du démonstrateur, je m'aperçois que j'ai un peu oublié le tireur ; par exception, on peut être le premier sans posséder les qualités du second.

Pellerin n'appartient nullement à la catégorie des exceptions, et l'a prouvé.

En présentant ces portraits de maîtres, il m'est arrivé par ci par là de former un souhait à leur intention.

Je veux terminer en risquant un conseil à leur adresse seule, et leur rappeler qu'en escrime comme en toute chose l'union fait la force; l'accepteront-ils ?

Comprendront-ils que divisions, appétits, cabales, compétitions, qui quelquefois menacent les bases de leur art, tomberaient forcément devant l'autorité de leur entente.

Et alors toute voie dans le domaine de l'épée serait tracée par eux ; toute force, toute direction, qui n'auraient pas leur appui seraient peu durables ; l'art des armes y gagnerait sûrement, eux aussi.

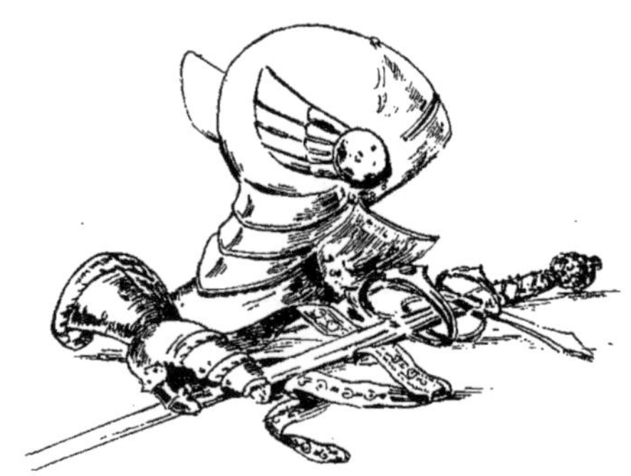

ROULEAU

PARIS

ART — LETTRES — SPORT

LES HOMMES D'ÉPÉE

AMATEURS PARISIENS

(Première Série.)

CAROLUS DURAN

On sait que le célèbre portraitiste à la mode est une de nos plus fines lames. Si par hasard vous vous trouvez là-bas, bien loin, derrière le Luxembourg, pénétrez dans l'atelier de la rue Notre-Dame-des-Champs, et là, vous verrez appendus au mur, au milieu de chefs-d'œuvre de l'école moderne, un fleuret, un masque et un gant d'armes. Un peu plus loin, vous apercevrez une guitare.

Tous les matins, avant de se mettre à son chevalet, Carolus Duran reçoit la visite de son maître d'armes, avec lequel il plastronne. Il a été un de ceux qui ont le mieux compris que l'étude de l'escrime ne pouvait pas se faire au cercle. Aussi, en renonçant à ce système, est-il arrivé, grâce aux bons conseils de ses professeurs, Jacob et Vigeant, à être de première force. Lui contester ce titre, auquel il tient plus qu'à tout autre, serait nier l'évidence.

Le jeu de ce grand artiste, auquel nous devons tant de belles toiles, est un jeu irrégulier, mais très personnel; il n'a voulu être, en escrime, ni classique, ni fantaisiste, ni romantique; il a voulu être le *Manet* de l'escrime.

La leçon d'armes est pour Carolus Duran un passe-temps favori. Dès qu'il a le fleuret à la main, il devient radieux. D'une grande souplesse, d'une vigueur extraordinaire, il peut resister à l'assaut le plus long. Sa main légère et rapide possède une grande précision; son doigté est remarquable par sa finesse. Il possède toutes les aptitudes requises des tireurs de première force. Son coup favori consiste à endormir l'épée de son adversaire, en procédant par demi-attaques suivies d'attaques franches et de surprises. Il affectionne également la prime, en cédant lorsque son attaque est parée, et riposte avec une habileté extraordinaire par les coupés de revers et les coupés dégagés en ligne basse.

Depuis quelque temps, il a apporté une légère modification dans son jeu; sa nouvelle tactique consiste à faire tirer beaucoup dans le vide, en tirant sur l'attaque adverse, au risque du coup pour coup. Le jugement qu'il apporte dans tout ce qui touche à l'escrime lui donne cette réputation, si prisée de nos jours, de tireur redouté, et Carolus Duran est un élève dont Vigeant ne parle qu'avec une certaine fierté.

Non content d'être une de nos meilleures lames, un de nos plus grands peintres, c'est encore un ami sincère, un gentleman accompli, et, par-dessus tout, une providence pour les malheureux. Carolus Duran est, depuis la mort du général Ney duc d'Elchingen, président de l'École d'Escrime française, de la rue Saint-Marc.

FERDINAND LECOMTE

F. Lecomte, instituteur, à Paris, a déjà, quoique jeune, sa place marquée en escrime parmi nos forts amateurs; mais il ambitionne davantage, et rêve de porter plus tard le plastron professionnel, sans nul souci du : *Cedant arma togæ*.

Cette indépendance vis-à-vis de Virgile fera que bientôt peut-être l'Académie des maîtres en fait d'armes de la bonne ville et faubourgs de Paris comptera de plus un membre... que je lui souhaite.

Vous l'avez souvent rencontré, sans doute, aux grands assauts, dans les salles d'armes; partout, en un mot, où se croisent des épées, et vous n'avez peut-être jamais deviné que c'est un tireur, et quel tireur il est.

C'est un homme de taille plutôt petite : il est tout en tête, et son jeu, nous le verrons, est un jeu de diplomatie, d'intelligence et de volonté.

Nous nous sommes senti instinctivement attiré vers cet adepte obstiné de l'escrime, qui, appartenant à l'Université, trouve le moyen, — sa classe étant faite, — de rechercher les maîtres et les grands amateurs, et de se perfectionner incessamment dans un art qu'il pratique depuis l'enfance.

Le talent de Lecomte est un talent complexe, fait de qualités qui d'ordinaire se contredisent, et piqué çà et là de quelques défauts dont il arrive à tirer parti.

L'épée à peine engagée, vous reconnaissez d'emblée que vous avez devant vous un homme rompu à toutes les surprises.

Lecomte a tiré, nous assure-t-on, avec plus de cent maîtres d'armes de toutes les écoles, et tiré avec ce tact et cette observation dont la pratique constitue l'expérience.

L'engagement est fin, et c'est presque avec indolence que notre homme prend le dessus ou le dedans des armes.

Ne vous y laissez pas tromper : cette indolence est apparente et n'a pour objet que de saisir vos préférences, et, par la tentation de ce laisser-aller, de tâter votre tempérament. Le corps effacé, la tête en avant, la main un peu basse, la garde trop grande avec la pointe du pied droit en l'air, voilà — je ne dirai pas l'attitude, car l'attitude implique une stabilité, un maintien, une assise que vous ne trouverez pas dans ce jeu ondoyant, insidieux, alerte et déconcertant, où les fugues ont de l'à-propos et où la franchise a de l'imprévu.

C'est un jeu tout personnel, qui ne ressemble à celui de personne; et ce petit corps obéissant à une vive intelligence et à une infatigable énergie, c'est le *tireur insaisissable.*

Il semble insaisissable, en effet : il marche, il rompt, — il est hors de portée, — il est sur vous, et la témérité de telles évolutions est annulée par la finesse de l'à-propos et la rapidité électrique de l'exécution. Ajoutons un sentement exquis du fer, une main juste, la loyauté du coup de bouton poussée parfois à l'extrême, et vous aurez l'homme.

Avec ce caractère, la phrase est courte et le style est à surprises; mais les reprises se serrent, et l'assaut ne languit jamais. Les coups sont simples et d'une exécution parfaite : engagements avec coupés sur pointe, menacés suivis de une-deux, telles sont les bottes que Lecomte affectionne.

Il les affectionne, mais il les réserve.

Et c'est en cela qu'il tend à se rapprocher de Vigeant, son maître, — de Vigeant, la plus savante, la plus correcte, la plus hardie et la plus sûre des lames de Paris.

Sa riposte est vive et d'autant plus juste que, souvent, l'attaque à laquelle elle succède est la suite diplomatique d'un piège qu'il a tendu.

Tel est ce tireur, original et tout personnel, qui, avec des moyens physiques en apparence médiocres, a toutes les audaces, semble ignorer la fatigue et connaît comme personne les ruses, les témérités et les prudences de ce bel art, qui consiste, comme on l'a dit, à donner et à ne pas recevoir.

ANTONIO DE EZPELETA

Voici, sans contredit, une des figures les plus aimables et les plus sympathiques du monde de l'escrime.

Ezpeleta est un des meilleurs élèves de Grisier, ce maître dans l'art de l'escrime. Aussi est-il le plus brillant, le plus élégant des tireurs parisiens; c'est un tireur plein de fougue et de brio.

Remarquablement doué sous le rapport des muscles, sa tenue est irréprochable : aplomb, solidité, confiance audacieuse, rien ne lui manque; sa détente est remarquable.

Antonio de Ezpeleta attaque de préférence de pied ferme par des coups simples; il pare sévèrement la quarte ou le contre de quarte, et il est bien difficile d'échapper à sa riposte. Au besoin il redouble par le coupé, si la riposte du tac au tac est impossible ou rendue difficile par une opposition heureuse de l'adversaire, dans le genre de celui que l'excellent professeur Caïn enseigne à ses élèves et qu'il emploie toujours avec succès.

Sobre du temps, dont on abuse, il en prend quelquefois avec une rapidité et une résolution sans égales. Il affectionne le coup d'arrêt sur la marche de son adversaire, et alors l'effet de ce coup est écrasant. Je me rappelle les jolis assauts qui avaient lieu jadis avenue d'Eylau, dans la petite bonbonnière qu'Ezpeleta s'était fait construire. En été, on descendait au jardin, au milieu duquel un Pré aux Clercs, réduction Collas, avait été dessiné à travers les roses, et on y faisait des bottes au parfum de mille fleurs; l'hiver on tirait dans la plus jolie salle d'armes qu'on pût rêver. Ce raffiné qui avait disparu presque complètement aux regrets de ceux qui connaissent le brio de son jeu et l'aménité de son caractère, vient de nous revenir. D'ici peu, il reprendra dans le monde de l'escrime la place qu'il a toujours occupée, c'est-à-dire une des premières.

FERY-D'ESCLANDS

L'EXCELLENCE des tireurs et tireur par excellence, a dit M. de Saint-Albin, en parlant de M. Fery-d'Esclands. J'ajouterai le Sport fait homme. Il est universel dans tous les exercices du corps; ceux qu'il ne pratique pas, il les connaît d'intuition. C'est un des rares tireurs qui possèdent à fond la science de l'escrime. Se mesurer contre Fery-d'Esclands, pour un amateur, c'est de la haute témérité. Qui s'y frotte s'y pique, et s'y pique parfois jusqu'au découragement. Il n'a pas, à proprement parler, de jeu spécial; il se règle sur son adversaire. Il joint aux attaques brillantes d'Antonio d'Ezpeleta, les parades concises du baron Fain, les ripostes toujours nettes de Saucède, et il complète toutes les qualités par une science approfondie des arrêts et des temps.

D'Esclands, personne ne le devinerait lorsqu'on le voit l'épée à la main, est conseiller à la Cour des comptes; il ne fait donc pas des armes jour et nuit. Son salon est un véritable salon de consultation.

S'agit-il d'un assaut? vite on court lui demander avis, lui offrir la présidence. Organise-t-on une fête de sport quelconque? c'est à qui voudra s'inspirer de ses idées.

En matière de duel, ses avis sont fort recherchés. Dans ces questions délicates, ses avis valent un arrêt; on sent en l'écoutant qu'il y a en lui un heureux mélange du magistrat et du sportsman.

M. Fery-d'Esclands poursuit depuis longtemps une idée grandiose : Concentrer dans un immense local tous les exercices de corps. Depuis longtemps Paris serait doté de ce vaste édifice, s'il avait pu faire triompher cette grande et belle idée.

L'activité est son élément, le repos le tue; il a besoin de se dépenser et d'être utile.

M. Fery-d'Esclands a bravement conquis la croix de la Légion d'honneur pendant le siège de Paris, par cinq mois de campagne volontaire et pleine de périls, à la tête de ses tirailleurs-éclaireurs. Que de fois il dut regretter de ne pas voir les Prussiens de plus près! Ah!

c'est alors que, planté carrément sur ses deux jambes nerveuses comme sur deux ressorts d'acier, épée en main, il eût fait de son temps un agréable emploi.

MARQUIS DE VALFONS

Le marquis de Valfons est méridional; il en a le type et le tempérament. De taille moyenne, bien fait, bien découpé, la tête fine, les cheveux châtain foncé qu'il porte courts derrière et sur les faces, une moustache bien dessinée, d'une physionomie très sympathique, très ouverte et très aristocratique, le marquis de Valfons, auquel l'armée est redevable de la fameuse loi sur les adjudants maîtres-d'armes, approche de la quarantaine.

C'est dans la séance du 20 janvier 1875 que cette loi qui est venue rehausser le prestige et augmenter l'autorité des maîtres d'armes, a été votée.

Le maître d'armes, ainsi que le disait le marquis de Valfons, est sans contredit le sous-officier qui travaille le plus, qui assume sur lui la plus lourde responsabilité morale. Il assiste aux duels entre sous-officiers et soldats, il en règle les conditions, il constitue lui-même un jury d'honneur qui laisse rarement à désirer. Il était donc juste que la demande de MM. Valfons et de la Pervenchère fût écoutée, et la Chambre l'a si bien compris qu'elle a accordé les cent grades d'adjudants demandés.

A la suite de cette loi, les maîtres d'armes de l'armée offrirent au marquis de Valfons, comme gage de leur reconnaissance, une superbe panoplie de luxe, sur les lames de laquelle il firent graver :

Les maîtres d'escrime de l'armée

A MONSIEUR LE MARQUIS DE VALFONS

(Séance du 20 juin 1875)

En escrime, le marquis de Valfons n'est pas une figure moins étonnante qu'à la Chambre des députés. Il y a fort longtemps qu'il fait des armes, et son jeu procède de l'école classique de Jean-Louis.

Sa tenue est des plus correctes. Une fois en garde, il ne dit plus un mot. Il possède tous les secrets de l'épée ; la main est ferme et le doigté d'une finesse remarquable. Il se loge facilement et, aidé par une détente de jarrets des plus vigoureuses, il saisit avec un à-propos extraordinaire le moment précis de l'attaque, qu'il manque très rarement.

Il attaque en quarte, coupé dégagé sous le coude. Il attaque aussi en marchant par feintes multipliées de coupés et de croisés.

La défense lui est aussi familière ; l'agilité de sa main lui permet de rouler les contre de tierce jusqu'à rencontrer le fer. Dans le haut comme dans le bas, il riposte très vite.

Bien des amateurs sont attaqueurs ou pareurs ou riposteurs, le marquis de Valfons réunit les trois qualités, et il complète l'habileté dans l'exécution par une grande variété de mouvements. Il combat aussi avantageusement les tireurs de l'école classique que ceux de l'école fantaisiste ou romantique. Pendant les vacances parlementaires, c'est avec Tristani, de Nîmes, un ancien bon maître de l'armée, qu'il fait des armes, et pendant son séjour à Paris, c'est Haller, du 22e d'artillerie, et Péne, du 11e, qui viennent, à tour de rôle, faire assaut chez lui.

Le marquis de Valfons a sa place parmi les dix plus forts amateurs de Paris.

DE LA PERVENCHÈRE

M. de la Pervenchère est le type le plus accompli du gentilhomme breton. Il est de haute taille, et son allure martiale et dégagée lui donne un faux air d'officier de cavalerie. Il porte la tête haute et fière; ses traits sont fins et caractéristiques.

M. de la Pervenchère est le parrain de l'amendement créant cent emplois d'adjudants maîtres d'armes, dans l'armée présenté par le marquis de Valfons à la Chambre des députés, dans sa séance du 20 janvier 1875. Son nom a sa place marquée à côté de celui du marquis de Valfons, dont on vient de lire le portrait d'autre part. Comme ce dernier, M. de la Pervenchère possède une magnifique panoplie d'armes blanches qui lui a été offerte par les maîtres d'armes de l'armée, avec cette dédicace :

A M. DE LA PERVENCHÈRE
les maîtres d'escrime de l'armée.

Élève du célèbre professeur feu Moreau, dont le père, ancien capitaine de la vieille garde, a publié en 1815 un ouvrage sur la matière, de la Pervenchère est un des plus forts tireurs de Nantes, quoiqu'il fût pendant quelque temps obligé de cesser l'escrime, à la suite d'une chute de cheval qui lui brisa la jambe. Complètement remis aujourd'hui, il se dédommage grandement du repos qu'il fut obligé de prendre.

Lorsque la Chambre des députés lui en laisse le loisir, c'est un des habitués de la salle Vetstein, de Nantes. Son jeu est serré, méthodique et rapide, et Caïn, qui l'a combattu, a eu fortement à faire avec lui. Il possède tous les secrets de l'épée, ce qui lui permet de combattre toujours très avantageusement; il pare vite et juste et trompe l'épée comme pas un dans l'attaque et la défense.

Sa détente et son élasticité sont extraordinaires. Il attaque soit de pied ferme par des coups simples, soit en marchant par des battements suivis de coupé qu'il exécute avec une vitesse foudroyante. La variété de ces attaques, parades et ripostes en font un tireur extrêmement dangereux. Il accuse franchement les coups de bouton qu'il reçoit, même ceux qui ne sont qu'indiqués, refuse même d'enregistrer ceux qu'il donne; mais il ne faut cependant pas aller trop loin, car alors il fait pleuvoir une grêle de coups de bouton des plus variés, tellement variés que celui qui les a provoqués est obligé de se rendre à merci, en jurant, mais un peu tard, qu'on ne l'y prendra plus.

Comme tous les tireurs de première force, de la Pervenchère, ce sport fait homme, n'a jamais eu de duel. Personne ne tire mieux que lui le sabre; il détache des coups de manchette avec autant de légèreté que de rapidité; et ses ripostes au coup de figure atteignent le plus haut degré de perfection. Ses coups ne ressemblent pas, comme ceux de la plupart des tireurs de contre-pointe, à des coups de massue; ils sont portés au contraire, en glissant sur la partie attaquée par la simple pression du pouce.

Si de la Pervenchère était ambitieux, il occuperait une des premières places parmi les plus forts tireurs de Paris.

ALFONSO DE ALDAMA

Les aptitudes physiques, jointes à un véritable amour de l'escrime, ont fait de M. Alfonso de Aldama un des plus forts tireurs de Paris, et si je ne dis pas le plus fort tireur, c'est que je ne veux pas *handicaper* les amateurs afin de ne mécontenter personne. Grand, svelte, jeune, adonné à tous les sports, Alfonso de Aldama, qui est venu, par une série de succès dans les assauts, confirmer cette opinion, est un des types les plus distingués de la jeunesse élégante qui vit à Paris. Ce n'est pas tout, c'est encore un homme aimable, fort recherché par la haute société parisienne.

Elève de Hamel et de Pons neveu, la leçon d'armes est pour Alfonso de Aldama un passe-temps favori. Il fait de l'escrime aujourd'hui au cercle des Éclaireurs, à l'École française et au cercle de l'Union artistique; partout il rencontre de bonnes amitiés.

Tireur élégant et gracieux, son jeu est souple et délié; il possède toutes les finesses et toutes les ruses du vieux tireur, et quoique prenant le numéro sept dans cette galerie, il est, sans contredit, au nombre des cinq premiers tireurs de Paris. Maniant l'épée avec la grâce d'Ezpeleta, il pare très vite et très juste les contres de pied ferme. Bien campé en garde, il se loge par de petites marches très rapides et successives, qu'il dissimule habilement par de doubles engagements d'une extrême finesse, alors il engage le combat par des menacés de : *une-deux,* en fausse attaque, afin d'amener la contre-riposte dans laquelle, comme je le dis plus haut, il excelle.

Il a le poignet bien placé; affectionnant et exécutant très bien les battements par changement d'engagement, suivi de dégagement, et les *une-deux* sur changement d'engagement, il a pour habitude de donner tout son fonds dès le commencement du combat.

Son côté vulnérable, s'il en a un, c'est la ligne haute, et c'est à celui-là qu'a eu recours Désiré Robert (un jeune et excellent professeur dont je parlerai plus tard, attendu qu'il occupe une des bonnes places dans le monde enseignant de l'escrime), le jour de l'inauguration de sa salle, où il faisait assaut avec lui.

Le jeu d'Alfonso de Aldama est fin et correct, sa tenue académique; et — qualité immense pour un tireur — il n'essaye jamais d'escamoter un *touché;* il renierait la plus brillante de ses phrases, si elle pouvait être discutée.

En un mot, le jeu d'Alfonso produit sur ceux qui croisent le fer avec lui une vive sympathie.

PRINCE GEORGES BIBESCO

Le prince Georges Bibesco est une personnalité tellement sympathique qu'on ne peut la laisser passer sans lui consacrer quelques lignes.

Le prince, qui est le troisième fils de l'hospodar qui a régné en Roumanie, est une des figures les plus caractéristiques du grand monde parisien. Après avoir passé par les écoles de Saint-Cyr et d'État-major, au Mexique mérité la croix, et bientôt après la rosette d'officier de la Légion d'honneur, le prince quitta l'armée et vint s'installer dans le ravissant hôtel qu'il avait fait construire boulevard Latour-Maubourg.

Lors de la douloureuse campagne de 1870, le prince Bibesco, laissant de côté ses rêves de calme, s'empressa de reprendre du service, afin de défendre sa patrie d'adoption. On le retrouve alors à son poste de combat, auprès du général Douay, auquel il montra un dévouement et un courage à toute épreuve.

Associé aux opérations et aux souffrances du 7e corps, il est fait prisonnier, après être resté toute la journée avec le bras en écharpe, il alla partager la captivité de nos braves soldats.

Pendant qu'il était à Coblentz, multipliant ses démarches auprès du général de Wedel pour adoucir le sort des prisonniers, il donnait l'ordre que son hôtel du boulevard Latour-Maubourg, propriété qui appartient aujourd'hui au prince C. Radziwil, fût transformé en ambulance. Plus de trois cents blessés furent logés, soignés et entretenus à ses frais.

Le prince Georges, qui ne fait plus malheureusement que de rares apparitions à Paris, est dans toute la force de l'âge : il a à peine quarante ans. De taille moyenne, nerveux, robuste, infatigable sous une enveloppe essentiellement élégante et aristocratique, il a toutes les qualités physiques des anciens preux. Sa belle figure mâle respire l'énergie, la force de volonté et la courtoisie. Ses cheveux noirs, rejetés en arrière, sans apprêt, découvrent son front large ; une moustache fine et soyeuse dessine le contour de sa lèvre, sur laquelle erre parfois un sourire légèrement ironique. Passionné pour le sport, il excelle dans tous les exercices du corps.

En escrime, cet art essentiellement français, il apparaît sur le premier plan. Le fleuret à la main, il attaque plus souvent qu'il ne pare à la suite de légers battements et de changements très fins et très rapides du fer. Sa manière rappelle, dit de Saint-Albin, le jeu de Ferry d'Esclands.

Devant de brusques attaques, il emploie volontiers le contre de tierce, et au besoin le double-contre, ce qui ne nuit en rien à la rapidité de sa riposte. Ses coups de bouton sont si courtois qu'on leur pardonne d'être aussi *vites,* et quand il vous bat, ce qui arrive souvent, on est presque tenté de lui dire merci.

En équitation, le prince joint à la hardiesse de l'école instructive qui fait le cavalier, la science des exigences de la haute école, qui fait le véritable écuyer; c'est le digne élève du célèbre Raab.

La boxe ne lui est pas étrangère, et comme tireur au pistolet, le tir Gastinne-Renette est là pour vous le montrer un tireur *di primo cartello*.

LE CAPITAINE DÉRUÉ

Lorsque le ministre de la guerre confia au capitaine Dérué la direction de l'escrime, à l'École normale de Joinville-le-Pont, les belles et pures méthodes de Boiessière, Gomard, Jean-Louis, Grisier et Charlemagne allaient disparaître.

L'influence de je ne sais quel ambitieux qui voulait leur substituer un système nouveau, avec lequel on serait arrivé au néant, s'était déjà fait sentir dans les Écoles Polytechnique et Saint-Cyr, dans les lycées et colléges. Heureusement que des maîtres intelligents avaient su s'affranchir de cette influence pernicieuse et, au lieu de se mettre à la remorque de cet innovateur, ils appelèrent l'attention du ministre de la guerre sur les conséquences désastreuses qu'aurait dans l'armée cette nouvelle méthode d'escrime.

Le capitaine Dérué assumait là une tâche lourde et difficile : il allait rencontrer des entraves à chaque pas; il allait se heurter à des mauvais vouloirs; tout était à refaire, en un mot.

Mais, confiant dans ses connaissances de l'escrime, dans son énergie et surtout dans sa foi ardente et son désir de faire grand, le capitaine Dérué se mit bravement, courageusement à l'œuvre. Avec un zèle infatigable, il étudia à fond la question et une fois bien en possession de son sujet, il prépara les réformes utiles et raisonnées que réclamait cette science. Le programme nouveau était fait, mais il fallait l'appliquer ; et pour cela il restait à vaincre les bureaux. Il ne se découragea pas, il harcela de demandes le ministre, les chefs de division du bureau de la guerre, et grâce à sa persistance, vraiment digne d'éloges, il finit par obtenir du ministre de la guerre, en décembre 1876, l'application pleine et entière du projet Valfons La-Pervenchère, projet qui, comme nous l'avons déjà dit, venait relever l'autorité et le prestige des maîtres d'escrime de l'armée.

Après avoir obtenu cette amélioration, le capitaine Dérué s'adjoignit quatre professeurs d'escrime, attachés à l'École de Joinville-le-Pont, avec lesquels il poursuivit le cours de ses réformes. De cette collaboration naquit : *Une instruction sur l'escrime,* qui est un véritable chef-d'œuvre, comme règlement et comme méthode.

Dans l'exposé de ce travail, le capitaine Dérué demande un peu plus de liberté, un peu plus d'initiative chez ceux qui s'occupent d'escrime; il demande que les professeurs, en un mot, ne relèvent que d'eux. Depuis longtemps déjà la chose avait été demandée, mais aujourd'hui comme hier, l'auteur d'une proposition aussi hardie a été sacrifié. Le capitaine Dérué, dont l'activité incessante, dont les réformes hardies portaient ombrage et effrayaient quelques ambitieux hors desquels l'escrime n'existe pas, fut sacrifié avant d'avoir pu mener à bonne fin la tâche qui lui avait été confiée. Ses cours sont suspendus aujourd'hui, et, de l'avis des hommes compétents, si l'École de Joinville-le-Pout n'est pas réorganisée sur des bases nouvelles, elle ira rejoindre dans la débâcle l'École d'escrime militaire qui avait été créée à Saumur.

L'ancien directeur de l'École de Joinville appartient au 4e régiment de dragons. Grand, blond, solidement bâti, d'une physionomie martiale, le capitaine Dérué réalise le véritable type de l'officier de cavalerie.

Comme tireur, je le considère, avec le lieutenant Colombin et le capitaine Louis de Cassagnac, comme la plus fine lame de l'armée. Pendant son séjour à l'École il faisait quatre heures d'escrime par jour, tirant alternativement avec quatre professeurs.

Aujourd'hui c'est, lorsqu'il est en congé, un assidu de la salle Mimiague. Son jeu est fort difficile. Autrefois sa garde était trop écrasée, son bras trop tendu, ses attaques par coups composés de feintes multipliées faisaient naître des coups pour coups, il serrait la mesure au lieu de riposter. Avec le travail, et surtout avec ses aptitudes, il a triomphé de tous ces défauts. Ses attaques simplifiées ont acquis de la précision et une grande rapidité. En s'emparant de la riposte, il a acquis la connaissance de la contre-riposte. Soutenant admirablement l'enchaînement des phrases d'armes, sa main a gagné en sûreté et rapidité; sa tenue est correcte et des plus élégantes. Il a, dans son dernier assaut avec le gaucher Ayat, conquis et la sympathie du public et sa place parmi les premiers tireurs de Paris. Aussi, nous nous étonnons avec le monde de l'escrime de ne pas voir le capitaine Derué de nouveau à la tête de l'école normale de Joinville.

SAUCÈDE

Voila bientôt quinze ans que, pour la première fois, je rencontrai Saucède. Sa physionomie franche et ouverte me fit plaisir à voir, et je voulus le connaître. Il était alors comme aujourd'hui, l'admirateur passionné de ces tournois où les maîtres de cette époque, sachant que le jury devant lequel ils allaient comparaître était composé de juges intègres, comme Bertrand, Pons, Bonnet, etc., n'hésitaient pas à y prendre part. L'impartialité des jugements engageait les jeunes renommées, auxquelles on applaudissait, à se montrer; c'était le beau temps alors de l'escrime, et Saucède, le premier des beaux joueurs, quoique guère plus fluet que l'acteur Dumaine, était toujours au premier rang. Non seulement il payait de sa personne, mais encore de sa bourse, de ses conseils et de son influence. Aussi a-t-il contribué pour la plus large part à la création des salles d'armes des principaux cercles de Paris, notamment celles de l'Union artistique, des Éclaireurs, du cercle Saint-Arnaud et de l'École d'escrime française. Les résultats obtenus dans ces diverses salles ont-ils répondu à la pensée de leur créateur? Je laisse à d'autres le soin de le dire.

Connaissant sa valeur, véritable érudit de la science de l'escrime, mais ne s'exagérant pas son mérite, je suis bien persuadé que Saucède, si on le lui demandait, nous dirait lui-même ce qu'il pense des assauts d'aujourd'hui.

Élève de Grisier, de Robert et de Cordelois, si ma mémoire ne me fait défaut, Saucède est un des meilleurs tireurs de Paris. Dès qu'il se met en garde, on sent en lui le vieux manœuvrier; doué d'un sang-froid extraordinaire, il reste inébranlable en présence des menaces de son adversaire. Les feintes, battements ou pressions ne sont d'aucun effet sur lui; on le croirait à cent lieues de l'action; il ne demande rien à ses jambes, ses qualités exquises de riposteur l'en exemptent; il garde l'immobilité du roc. Il est presque impossible de déranger sa ligne, car pour peu qu'on l'écarte, une demi-seconde, de quelques millimètres, il revient instantanément à sa place, après avoir rapidement paré et placé la riposte en pleine poitrine de son adversaire.

Cependant, de temps en temps il vous sourit à l'instar du chat qui guette la souris, alors méfiez-vous, car certainement il vous prendra un de ces : *une*, *deux*, sur changement d'engagement avec une précision mathématique.

Rien n'est tentant comme le plastron de Saucède, qui offre une large surface. On croit qu'il n'y a que l'embarras de la place pour y loger son coup de bouton : ce plastron, c'est la timbale brillante au sommet du mât.

Sa main est vissée, ses parades fermes et justes, et ses ripostes n'ont de rivales que celles d'un maître. Il est à la fois élégant, sévère et classique.

LE COMTE CHARLES DE LINDEMAN

Le comte de Lindeman est un de nos sportsmen les plus distingués, écuyer de premier ordre et un *Shooter* des plus remarqués des tirs aux pigeons.

Il habite plusieurs mois de l'année l'Angleterre et prend part à toutes les grandes chasses à courre qu'organise le *high life* anglais.

Sa réputation de tireur est tout au moins autant établie.

Lindeman est sans contredit, à cette heure, la première lame de la salle de l'*Union artistique;* et le nouveau

AURÉLIEN SCHOLL

professeur, M. Prévost, a fort à faire lorsqu'il se trouve en présence de ce redoutable élève de Vigeant.

Le comte est, avant tout, un tireur élégant et régulier, et son jeu académique fait, dans les assauts, l'admiration de la galerie.

Quoique doué d'une grande taille, il a une prédilection marquée pour le jeu de parades et de ripostes, et nul ne sait mieux que lui prendre un temps ou un coup d'arrêt.

Il dédaigne les coupés et recherche les coups de ligne, qu'il exécute d'une façon admirablement fine, après reprises d'épée.

Le monde de l'escrime, depuis longtemps déjà, souhaite ardemment voir M. Fery d'Esclands se mesurer avec le comte de Lindeman.

De quel côté seront les parieurs et les chances ? Nous donnerons notre avis le jour ou ces deux excellents tireurs auront croisé le fer.

AURÉLIEN SCHOLL

SCHOLL côtoie la cinquantaine, mais il est si solidement charpenté, si vigoureux, que les annonces de l'Eau des Fées le laissent complètement indifférent. De haute taille, il ne s'est laissé surprendre ni par l'embonpoint, ni par le léger voûtage qui menace les hommes de son âge. Ses traits sont assez réguliers ; une légère moustache fine et soigneusement relevée se dessine au-dessus de sa lèvre qui est mince et légèrement railleuse; il porte un monocle qui ne le quitte jamais. Aurélien Scholl est une des physionomies les plus connues de Paris. Parlez de cet écrivain dans n'importe quel milieu, même parmi ses ennemis les plus déclarés, et vous n'en trouverez pas un seul qui ne soit prêt à rendre hommage à la vaillance de sa plume comme à la vaillance de son épée. On sait qu'il manie parfaitement ces deux armes, et que l'une est au bout de l'autre, lorsqu'il s'agit pour l'écrivain de réparer quelque dommage; ses nombreux duels en font foi, du reste.

La prochaine fois qu'Aurélien Scholl ira sur le terrain, sera la onzième. Sa première affaire date de 1854; Scholl venait d'avoir vingt et un ans. Le motif de la rencontre était sérieux; les témoins convinrent d'un duel à outrance. Le combat devait continuer jusqu'à ce que l'un des deux adversaires fût absolument hors de combat. Un mois de salle avec un maître d'armes de régiment, une, deux, fendez-vous! c'était peu de chose comme fond d'éducation. Les adversaires furent placés dans une sablière, sorte de basse fosse où l'on accédait par un petit sentier. Scholl avait une profonde affection pour son adversaire, mais il n'était pas assez fort à l'escrime pour le ménager comme il eût voulu le faire. L'autre lui porta quatre coups d'épée au cou, à l'épaule, à la main et au bras. Cette dernière blessure était seule sérieuse; l'épée pénétra jusqu'à l'os. Poussé à bout, Scholl se fendit à fond. L'adversaire poussa un cri en portant les deux mains à sa poitrine. Il resta cinq mois entre la vie et la mort: « Je ne respirai librement, a dit Scholl, que lorsqu'il fut hors de danger. »

Six mois après, duel au Vésinet avec Louis Goudal, rédacteur du *Figaro*.

Duel avec M. Osiris, à Gennevilliers. Dans cette affaire, Scholl avait Henri Rochefort pour témoin. M. Osiris fut blessé à l'épaule.

Au mois d'octobre 1863, Scholl se trouvait à Boisfort, près Bruxelles, en face de M. Paul de Cassagnac. Une circonstance imprévue empêcha le combat qui n'eut lieu que quelques jours plus tard sur la route d'Épinay, à Saint-Denis. Les maraîchers arrêtaient leurs voitures pour assister à ce spectacle inattendu. Le garde-champêtre lui-même se rangea parmi les spectateurs. Le combat dura dix-sept minutes. Scholl, qui avait le soleil en plein lorgnon, reçut un coup d'épée dans le sein droit. Nélaton le crut perdu, ce qui n'empêcha pas le blessé de fumer sa pipe six jours après et d'assister le septième jour à la représentation de l'Opéra.

Le dernier duel de Scholl eut lieu à la frontière belge, près Tourcoing. L'adversaire était M. Robert Mitchell. Scholl s'enferra le poignet et se brisa la lame dans la blessure. Le fer dépassait de chaque côté. Le docteur Thévenet eut beaucoup de peine à retirer cette broche d'un nouveau genre ; il établit une forte compression, et Scholl remonta en voiture, le bras en écharpe. Robert Mitchell, plus ému que son adversaire, lui avait sauté au cou et l'avait embrassé avec effusion.

A la frontière, deux douaniers firent descendre les voyageurs.

— Enlevez ce foulard, dit l'un d'eux.

Le blessé ôta le foulard qui soutenait le bras entamé.

— Enlevez ces linges!

— Pardon, fit le docteur, monsieur est blessé. Vous voyez bien que ces linges sont ensanglantés.

— Nous la connaissons, fit le douanier; on se barbouille de sang et on entre *des dentelles en contrebande!*

Quelque temps auparavant, Scholl et Sarcey avaient été reconduits à la frontière française par la gendarmerie belge, dans un cas semblable.

— Il n'y a que Saint-Germain, Chatou et Vincennes pour n'être pas dérangé, dit en riant le chroniqueur parisien. Quand on prend le train, c'est qu'on compte sur les gendarmes.

Pour le sang-froid, Scholl rendrait des points à l'Anglais le plus impassible. Il est sur le terrain comme chez lui. Demandez au colonel Wachter qui l'y a vu.

Après s'être éparpillé dans toutes les salles d'armes de Paris, trois mois chez Cordelois, trois mois chez Gatchair, six mois chez Robert aîné, Scholl ne s'est mis à travailler sérieusement que chez Jacob, quand la salle de ce maître était au faubourg Montmartre. Depuis son affaire avec Robert Mitchel, Aurélien Scholl n'a plus quitté le fleuret. Il a aujourd'hui six ans de salle. Les intimes seuls connaissent sa force, car il a pour principe qu'un journaliste ne doit jamais montrer ce qu'il sait faire; mais ceux qui l'ont vu faire assaut dans la salle de M. O..., ou dans le jardin d'Alfred Stevens, conseilleront à leurs amis de chercher querelle à un autre.

Il y a un duel que Scholl ne compte pas, c'est l'affaire qui l'a mis deux fois aux prises avec Francisque Sarcey.

Bien que cette tragédie ait été racontée plusieurs fois, nous tenons à ce qu'elle figure dans notre collection.

C'était au temps où le *Figaro* avait monté une scie au critique de l'*Opinion nationale*.

Sarcey, d'abord indifférent, finit par perdre patience. Il riposta si vivement que M. de Villemessant lui envoya des témoins.

— Simple formalité, disait-il, car Sarcey ne se battra pas.

Sur ces entrefaites, Scholl rencontra Sarcey, qu'il aimait beaucoup.

— Tu peux dire à Villemessant que je me battrai, s'écria Sarcey.

— Bien vrai ?

— Je te le jure.

Scholl n'a rien de plus pressé que de porter la mauvaise nouvelle. Villemessant s'emporte et propose de parier mille francs. Le pari est tenu.

Le soir, Charles Edmond et Gaston de Saint-Valry, témoins de Francisque Sarcey, déclarent que, réflexion faite, leur client renonce à la rencontre.

Villemessant dit à Scholl :

— Vous me devez mille francs.

— Pas encore, répondit l'imperturbable Bordelais.

— Comment, puisqu'il ne se bat pas ?

— Il ne se bat pas avec vous ; mais il peut se battre avec un autre. Nous n'avons pas spécifié.

— Et avec qui se battra-t-il ?

— Avec moi.

Et le lendemain, le *Figaro* contenait une attaque *ad feminam*, à la suite de laquelle Sarcey décrocha sa bonne lame de Tolède.

On part pour Mons. A neuf heures du matin, les adversaires s'alignent dans un champ labouré. On ferraille. La terre glaise s'amoncelle sous les semelles des combattants, qui grandissent à vue d'œil.

Sarcey, essoufflé, demande :

— Veux-tu me laisser reposer un peu ? Je n'en puis plus.

— Tant que tu voudras, mon ami, répond Scholl.

Au bout de cinq minutes, les témoins ordonnent la reprise. Tout à coup, on aperçoit les gendarmes.

Adversaires et témoins sautent en voiture. C'est une course effrénée jusqu'à Maubeuge. La gendarmerie belge est distancée.

— Nous ne pouvons pas revenir à Paris, dit Scholl, sans que l'affaire ait donné de résultat. On nous rirait au nez ?

Il ajouta tout bas : Et Villemessant ne payerait pas les mille francs.

— Où aller ?

— Allons à Bade !

On repart.

Quarante-huit heures après, les adversaires se retrouvent sur le Fremersberg. Sarcey voit avec peine sa manche de chemise percée en plusieurs endroits. Enfin, la pointe trouve le bras. Il y a piqûre. Le sang ne jaillissant pas assez vite, l'un des témoins presse le bras qui se décide à donner une goutte de sang.

Le témoin l'étend jusqu'à ce qu'il y en ait assez pour que l'honneur soit satisfait.

Déjeuner général à l'hôtel de Russie. Au café, M. Gaïffe, l'un des témoins de Scholl, demande au maître d'hôtel :

— Et ce qu'il y a souvent des duels dans ce pays-ci ?

— Oh ! non, monsieur, jamais.

— Pourquoi cela ?

— Parce que, dans le duché de Bade, le duel est puni de mort !

Pâleur des combattants et des témoins. Jamais addition ne fut réglée plus vite.

Quand le train eut passé le pont de Kehl, Sarcey respira bruyamment en disant :

— Il ne nous eût manqué que d'être pendus ! Aurait-on assez ri à notre enterrement !

Et c'est ainsi que Villemessant perdit un pari de cinquante louis.

Scholl a reçu dans sa vie sept coups d'épée et n'en a rendu que quatre.

— On m'en redoit trois ! s'écrie-t-il avec gaieté.

Dernièrement, un chroniqueur disait :

—Scholl a été blessé plusieurs fois parce qu'il est myope.

— Ce n'est pas parce que je suis myope, a-t-il répondu, c'est parce que je ne savais pas tirer. Aujourd'hui avec un verre de Tolède et une épée de cristal de roche, je me charge de faire une garniture de gilet au premier rodomont qui voudra bien m'honorer de sa confiance.

Un détail pour finir.

Dernièrement, deux maîtres d'armes offraient de parier pour lui trois contre un. L'occasion ne s'est pas encore offerte.

Tout ce que le duel peut prouver, Scholl l'a prouvé. Aussi n'a-t-il pas besoin de se presser.

WASKIEWICZ

Polonais d'origine, Waskiewicz est un des meilleurs élèves de Cordelois. De taille moyenne, d'une physionomie expressive et sympathique, il ressemble, avec sa moustache finement retroussée, à un officier de hussards.

Ses cheveux, qui commencent à grisonner, ne lui ont rien enlevé de son entrain; il est toujours pétillant d'esprit. Aussi ses camarades de salle d'armes ne manquent jamais d'ouvrir un ban lorsqu'il apparaît au milieu d'eux. Une fois entré, il décroche un de ses fleurets, et, tout en tirant le mur, il vous raconte les potins du jour.

Maintenant, si vous lui demandez de croiser le fer avec vous, vous êtes certain qu'il vous racontera qu'il n'est bon à rien, qu'il est fatigué, que son médecin lui a ordonné, le matin même, de grands ménagements; il ajoutera que la migraine ne le quitte jamais, très heureux encore s'il ne vous dit pas qu'il n'a pas touché un fleuret depuis plus de deux ans. Il se met alors à vous raconter des anecdotes sur la plupart des tireurs de Paris, et,

BARON HARDEN-HICKEY

lorsqu'il croit que vous avez oublié sa migraine, il reprendra son fleuret, tout en maugréant contre celui qui l'oblige à tirer, et se mettra en garde. Alors prenez garde, car dès qu'il a l'épée à la main, il oublie sa migraine, ses mauvais fleurets, la température de la salle; il est complètement transformé; sa mollesse de commande disparaît, ses jambes nerveuses se campent carrément sur ses jarrets d'acier, son corps est droit et bien d'aplomb sur les hanches, sa tête est haute et fièrement rejetée en arrière; son bras gauche, bien arrondi en arrière, lui donne une pose des plus gracieuses. Il est en garde, méfiez-vous!

Waskiewicz dédaigne d'éviter l'attaque, la riposte ou la contre-riposte; il accuse franchement le coup de bouton en félicitant son adversaire de cette heureuse prise d'armes.

Il possède beaucoup de justesse et de sûreté de main, son doigté est d'une extrême finesse. Aussi habile à l'attaque qu'à la riposte, son jeu est très varié et plein de ressources; ce n'est que pièges, ruses et embûches. Il est très sobre de mouvements; ses attaques préférées sont : les *une deux* sur changements d'engagement; les *une deux* trompant le contre de quarte en septime, précédés de la pression de sixte « *tierce pour Cordelois* » sur préparations d'attaque, et les battements par changements d'engagement en quarte sur préparations suivis de *une deux* en quarte.

Il prend vite et juste de préférence le contre et le double-contre de quarte, et en double la rapidité d'exécution par une petite retraite habilement combinée, ce qui ne lui fait rien perdre de l'avantage de la riposte de dégagé en ligne de sixte, ce qui accuse chez lui une connaissance parfaite des distances. Aussi avons-nous été étonné de voir ce Saint-Georges moderne, patronner l'*enseignement simultané de l'escrime à l'épée*, fort en honneur en 1874, à l'École normale militaire d'escrime de la Faisanderie, espèce de vieille plaisanterie militaire qui servait à apprendre à nos soldats à se faire tuer maladroitement et simultanément.

Comme il possède à fond la science de l'escrime, la monomanie du professorat s'est emparée aujourd'hui de Waskiewicz; on le trouve presque toujours muni d'un plastron, enseignant mieux que personne la « rouerie de la garde » ou, pour m'exprimer autrement, le calcul de la distance. Ce tireur par excellence devient un concurrent terrible pour son sympathique professeur Hyacinthe, avec lequel il plastronne souvent.

LÉON CHAPRON

Ma galerie ne serait pas complète, si je n'y accrochais pas le portrait bien connu de Léon Chapron, que je vais essayer de portraicturer tel que me le montre mon objectif. Le Chapron de la chronique vous le connaissez tous, et Colombine de *Gil-Blas* vous a montré, il y a peu de temps encore, la place brillante qu'il occupe dans le journalisme. Le Chapron avocat, le Chapron écrivain, je n'en ai cure. Le Chapron que je veux vous présenter est un Chapron homme d'épée. Homme d'épée, vous pourriez croire qu'il s'agit d'un duelliste de profession. Ah ! que vous seriez loin de la vérité ! Léon Chapron, dont la plume est aussi loyale et aussi vaillante que l'épée, s'est battu plusieurs fois, il est vrai, mais ces rencontres étaient inévitables.

La dernière fois qu'il est allé sur le terrain, je crois bien — je n'oserais point l'affirmer cependant — que c'est par pure courtoisie et pour être agréable à son adversaire. Racontons à ce propos une anecdote assez curieuse qui prouvera que ce *paquet de nerfs* sait être maître de lui. Comme son adversaire, pressé de près par son épée qu'il ne pouvait tromper, se mit à rompre un peu trop, Chapron ne put s'empêcher de s'écrier, malgré le silence qu'on doit garder sous les armes : « *Vous me quittez, monsieur, vous me quittez !* »

Depuis cette époque, Chapron n'a pas eu d'autre affaire. Il n'y a pas, à Paris, d'homme plus affable et plus obligeant que lui. C'est une des figures les plus sympathiques du monde littéraire. De moyenne taille, maigre et sec, la physionomie de Léon Chapron offre au physionomiste une accentuation de traits qui dénotent une rare énergie. Une petite moustache fine et soyeuse se dessine au-dessus de sa lèvre qui exprime à la fois l'ironie et la bonté ; ses yeux vifs et intelligents sont doués de la faculté de se taire au point de devenir mornes, même lorsqu'il ajuste son monocle.

Ses cheveux, d'un noir d'ébène, toujours peignés avec

soin, donnent à sa figure ce teint olivâtre au jour, et blanc aux lumières, qui distingue les Italiens. Le visage est plus long qu'ovale, le front est plein, large, renflé aux tempes ; front volontaire, silencieux et calme. Cette figure plus mélancolique et plus sérieuse que gracieuse, est frappée par la tristesse d'une méditation profonde. Aussi, Chapron écoute-t-il plus qu'il ne parle. Retiré à Bois-Colombes, il ne vit que pour sa mère, pour laquelle il professe une admiration et un respect sans bornes ; ses heures de loisir sont employées à étudier la Révolution française, qu'il connaît à fond.

Léon Chapron a commencé l'escrime avec Grisier, une des grandes réputations de l'art ; de là, il a passé par la salle Ruas, qu'il n'a fait que traverser.

Depuis quinze ans, il étudie avec Jacob et n'admet pas d'autre professeur.

Jacob est, en effet, un maître excellent qui a fait ses premières armes à des écoles hors ligne, et qui est remarquable par l'autorité et l'élégance de son jeu. A côté de cela, Jacob est un homme aimable, poli et serviable. C'est avec lui que Chapron, qui tire toujours l'épée, est arrivé à être un tireur de première force.

C'est dans son jardin de Bois-Colombes que tous les matins notre confrère, botté comme un véritable cavalier, se met en garde. Son jeu est très *vite* et très régulier.

Bien placé en garde, il sait attendre le moment favorable, au lieu de dissiper sa vigueur en efforts inutiles.

Avec beaucoup d'à-propos, il fait les attaques très sévèrement et riposte du tac au tac avec une grande rapidité.

Une des parades que Chapron a bien dans la main est le contre de quarte d'une vitesse prodigieuse, qu'il exécute sur une retraite savamment combinée pour ne jamais perdre la riposte.

La ligne basse seulement laisse à désirer, mais cette imperfection ne tardera pas à disparaître avec un maître tel que Jacob.

LOUIS DE CASSAGNAC

PARTOUT où l'on fait de l'escrime, MM. Paul et Louis de Cassagnac sont chez eux. Comme le portrait de Paul de Cassagnac a été fait vingt fois déjà, je ne m'occuperai que du plus jeune des deux frères.

Engagé volontaire au régiment des dragons de l'impératrice, Louis de Cassagnac gagna rapidement les galons de sous-officier. Puis sa belle conduite sous Metz et une évasion tellement audacieuse qu'elle ferait le succès d'un roman d'aventures, lui valurent l'épaulette de sous-lieutenant — que bientôt, du reste, il changea de côté.

Les qualités de M. Louis de Cassagnac étaient résumées ainsi dans l'armée : de l'action, de l'énergie, du dévouement, une passion raisonnée pour la discipline.

Le ministre de la guerre, à qui on l'avait signalé, l'envoya à Saumur pour y suivre les cours spéciaux de l'école de cavalerie. Il en sortit bon premier !

Au physique, M. Louis de Cassagnac est grand, très brun, de complexion robuste; sa physionomie est énergique.

Prestance imposante à la fois et décidée.

Son agilité, sa souplesse quasi féline sous les armes, le font priser par nos meilleurs tireurs.

Il a commencé l'escrime avec Lauze (non pas Lozès); il s'est exercé à manier le sabre, la canne, le bâton, voire le *grand bâton* (ou fléau).

Il connaît la boxe française.

Le professeur Jacob lui donna quelques leçons.

Sa garde présente une certaine analogie avec celle de l'école italienne.

Le corps penché en avant, très peu fléchi sur ses jambes, le bras bien tendu, couvrant sa poitrine par son bras et sa tête, laquelle semble seule exposée aux coups de l'adversaire, il joint à ces avantages de la plastique un jeu d'une extrême mobilité, attaquant par battements, et marchant rapidement par un appel du pied. Il termine ses attaques par un redoublement en quinte casée ou par un coupé en ligne du dehors haut (sixte). Il bondit ensuite en arrière et protège sa retraite par plusieurs remises de coups droits, parant de préférence par le *contre de sixte* et *quarte croisée* pour menacer de la riposte de *flanconnade* et redoubler par le *dégagé et coupé*. Il pare aussi, et selon l'adversaire qu'il combat par la *septime liée* et le *contre*, pour riposter en se fendant par le liement *de septime en septime*.

Depuis qu'il appartient à l'armée, M. Louis de Cassagnac, sans avoir rien perdu de sa fougue, a gagné plus de correction dans son jeu.

COMTE POTOCKI

Ses attaques préférées sont maintenant des *coulés et dégagés* d'une grande finesse, et des *une, deux, trois,* précédés de la pression en *sixte* par *tâtement* et sur préparation.

Ses ripostes sont le plus souvent du tac au tac.

Ayant réduit ses composés au simple dégagé ou coupé, suivant la hauteur de la parade ou de la garde adverse, c'est maintenant le tireur le plus difficile et le plus dangereux que je connaisse; il aime beaucoup se mesurer avec Caïn.

Vigeant, Jacob, Pellerin et Mérignac sont aussi ses tireurs préférés.

LE COMTE N. POTOCKI

Le comte Nicolas Potocki est un studieux en armes, et, quoique n'ayant pas encore vieilli sous le plastron, c'est un des plus élégants et des plus habiles tireurs des hommes d'épée de notre époque. C'est dans un assaut qu'il fit, il y a quelques années, avec Jacob, qu'il s'est révélé un fort en thème du fleuret. Il aime passionnément l'escrime, il la cultive d'un bout de l'année à l'autre sans interruption. Ancien élève de Pellenq, il fait partie maintenant de la salle d'armes du cercle des Éclaireurs, de la Société d'escrime de Pons (oncle) et du cercle de l'Union artistique, dont il est membre du comité. Tout en suivant les leçons de Vigeant, cela ne l'empêche pas de faire des armes toute la semaine dans les différentes salles dont je viens de parler.

Le comte Nicolas Potocki est le fils du comte Nicolas Potocki mort il y a un an environ. Gentleman accompli, c'est l'étranger le plus parisien de Paris, qui a su conquérir, par sa nature franche et ouverte, toutes les sympathies des amateurs et des professeurs. Marié avec la jolie fille de la princesse Pignatelli, il habite avec la comtesse, sa femme, un magnifique hôtel, avenue Fiedland.

Il est blond, de taille moyenne, et n'a qu'un ennemi à combattre à l'aide des exercices du sport : c'est une légère tendance à l'embonpoint.

Trouvant que tout n'est pas pour le mieux dans la meilleure des écoles d'escrime françaises, il songe depuis quelque temps à créer, à Paris, une véritable académie d'armes, où professeurs et amateurs pourront librement, et sans être gênés par personne, faire valoir leur talent et leurs qualités. Sa grande fortune et l'emploi généreux surtout qu'il en fait, ses connaissances en escrime, lui permettront, sans avoir besoin de prendre avis de personne, de conduire à bien cette œuvre qui ne demande, en somme, qu'un peu de persévérance.

Si ce projet réussit, le comte Potocki aura bien mérité de tout le monde, car il aura trouvé la bonne voie, la seule qui pourra faire faire quelques progrès à cet art de l'escrime si essentiellement français. Les professeurs et les amateurs auront pour ce Saint-Ange moderne une reconnaissance éternelle.

Le jeu du comte Potocki est très régulier ; en garde de très loin, sa tenue est correcte, académique même ; le corps droit et bien d'aplomb sur les hanches, est très effacé; il possède une puissance de détente de bras et de jarrets peu commune; la main tenant l'épée est bien soutenue et très en ligne. Il ajoute à une grande harmonie des mouvements un jugement prompt, un coup d'œil vif et une conception très rapide. Ses attaques par pression de quarte ou suivies du dégagement en septime, qui sont toujours précédées d'une petite marche très rapide, sont enlevées avec un brio remarquable. Ses menaces de coups droits en marchant, suivis de la feinte du coupé et du coupé, sont pleines de finesse et d'à-propos.

Il pare par le contre de quarte en rompant et riposte avec une rapidité et une résolution sans égales du tac au tac. Son aplomb, sa solidité, sa confiance audacieuse, et surtout sa science dans la riposte de coupé en pointe volante après le contre de sixte, font du comte Potocki un tireur de première force.

Dans l'attaque comme dans la riposte, ses magnifiques trotteurs orloffs ne vont pas plus vite que lui.

M. LEGOUVÉ

M. Ernest Legouvé, académicien, adoré des dames de père en fils, est une figure trop marquante pour passer inaperçue au milieu des célébrités de notre époque.

Son nom est lié à tout ce qui se rattache à la littérature, aux sciences et aux arts. M. Legouvé est non seulement un critique de modes, un critique de sport et d'escrime, un critique musical et littéraire, mais aussi, qui l'eut cru ? un baryton fort remarquable découvert par la Malibran.

L'auteur d'*Un tournoi au dix-neuvième siècle* fit un jour, dans une séance d'escrime, donnée par les principaux maîtres d'armes de Paris, au profit des enfants de leur confrère, feu Robert aîné, une causerie sur l'escrime où il se montra, comme toujours, fort éloquent. C'était la dernière séance que devait présider Bertrand; car, à quelques jours de là, M. Legouvé fit le portrait de son maître en escrime et le dédia au prince Bibesco.

M. Legouvé pousse la passion de l'escrime jusqu'au fanatisme, aussi n'est-il pas rare de l'entendre au milieu de ses confrères littéraires faire quelque causerie sur l'épée et l'escrime : *Si vis pacem*... Il est aussi un des principaux créateurs de l'École d'escrime française, installée dans son immeuble de la rue Saint-Marc.

Il avait seize ans lorsqu'il commença l'escrime avec Bertrand, et si sa force à l'épée n'est connue que de ses maîtres, cela tient à la façon mystérieuse dont il fait des armes. Je n'ai dû moi-même qu'à une circonstance fortuite de le voir tirer et de pouvoir en parler aujourd'hui.

Un jour je me trouvais à la salle Robert, au moment où M. Legouvé venait de décrocher un fleuret n° 4, et allait se mettre en garde. Blotti derrière un des rideaux, résolu à profiter complètement de ma bonne fortune, je ne dis mot.

La tenue de M. Legouvé n'est pas exempte d'élégance

ni de fermeté; il se fend peu, ses attaques sont presque toujours précédées de marches faciles à arrêter, car il ne s'empare jamais de l'épée de son adversaire en marchant; il décompose chaque feinte, marque chaque temps, s'arrête à chaque coup, discutant les causes et les effets. Après deux reprises d'environ douze minutes chacune, il prend un petit repos de dix minutes.

Après quoi, satisfait de lui-même, il met son masque d'armes et fait assaut. Il a toujours comme adversaire le prévôt en l'absence du maître.

Aussitôt que les épées se sont croisées, la physionomie de M. Legouvé prend alors l'expression de finesse ironique qu'il a dans les circonstances solennelles : ses yeux brillent d'un éclat extraordinaire.

Il commence rapidement l'action en prenant l'offensive sur préparation par un menacé de tirer droit quarte en marchant et le coupé en sixte à cette attaque, lorsqu'elle est parée par un quarte et contre, suivie d'une riposte du tac au tac. Il se relève en se protégeant par la septime liée en septime et touche en contre-riposte dans cette ligne.

Il abuse souvent des coups par remise, ce qui fait qu'il est souvent touché par la riposte. Toutefois, sa main a une finesse de doigté toute particulière, il pare bien à la finale des coups, et si ses ripostes par doublés et triplés coupés ne réussissent pas toujours, en revanche celles du tac au tac ne manquent jamais leur but et arrivent toujours en pleine poitrine. Sa tenue a de la correction, et il fait le salut d'une manière remarquable.

Il aime à présider les assauts mais depuis quelque

temps, — est-ce un effet des hivers qui s'accumulent sur sa tête? — il se montre plus rarement.

LE COMTE DE L'ANGLE BEAUMANOIR

Le comte de l'Angle est âgé d'environ trente ans et forme avec M. Antonio d'Ezpeleta, le comte de Lindeman et Alfonso de Aldama, le premier quatuor des amateurs parisiens, et l'on pourrait presque dire qu'il tient le rôle de ténor dans ce quatuor, car il possède à un degré élevé la qualité dominante qui caractérise le jeu de chacun d'eux.

L'attaque, la parade, la riposte, le coup d'arrêt, le redoublement lui sont également familiers ; il est servi par une telle profusion de moyens physiques, qu'il dédaigne presque le calcul en armes et se rit de tous les pièges, sûr qu'il est de sa prodigieuse vitesse et des ressources mécaniques et variées que l'étude et l'entraînement au plastron lui ont données.

Parmi les maîtres qui l'ont formé, nous devons citer Pons et Mimiague, qui, certes, n'ont pas peu contribué à le placer au premier rang qu'il occupe aujourd'hui parmi nos grands escrimeurs.

De l'Angle s'est souvenu de leurs bons soins et a toujours refusé de courir après les leçons de nouvelles étoiles.

Combien il serait à désirer que cet exemple fût suivi, afin que le lien qui unissait autrefois chaque salle d'armes revécût pour redonner à l'escrime sa fécondité et son prestige.

Le comte de l'Angle possède une autre qualité, bien rare celle-là : en tous lieux, en tous temps, quel que soit l'adversaire qui se présente à lui, il ne refuse jamais le combat et je l'ai vu, après deux nuits successives de valses et de polkas, venir se planter fièrement en public, devant les premières lames de Paris, et fournir de ces assauts fulgurants qui électrisent la galerie.

Enfin, pour en finir avec ce merveilleux tireur, le plus beau fleuron de sa couronne est non seulement de n'avoir jamais contesté un coup de bouton, mais d'en avoir parfois accusé qu'il n'avait pas reçu, ce qui peut donner la mesure de sa loyauté et de son grand cœur.

LE MARQUIS DE FONTENILLES

A l'époque où Robert avait installé sa salle dans le passage des Panoramas, on voyait chaque jour le marquis de Fontenilles croiser le fleuret avec de Kerkada, Aristide Bedier, Henri Martin fils et M. O'Connell, le mari de la portraitiste célèbre, morte si malheureusement. Le marquis de Fontenilles, qui est avec Brinquant le plus habile gaucher de Paris, était un travailleur, que

Robert désignait comme son meilleur élève. Mince et bien campé, portant avec une certaine crânerie sa tête aristocratique, M. de Fontenilles est un des hommes les plus sympathiques du monde parisien et du monde de l'escrime. Sa lèvre mince et légèrement contractée, ombragée par une moutache fine, bien dessinée et soigneusement roulée, ressort agréablement, et son regard, qu'il voile par un lorgnon, a des alternatives de vivacité et de douceur qui expriment exactement son caractère et son jeu. D'une grande politesse et d'une modestie bien rares chez un amateur de sa réputation, il accepte courtoisement toutes les occasions de se rencontrer avec un adversaire digne de lui, et laisse de côté les petites préoccupations du résultat, qui retiennent inactifs tant d'illustres fleurets.

Le marquis de Fontenilles est un tireur à la garde élégante qui en impose par sa tenue, et sa réputation de tireur date de 1865 ou 1866, époque où ses assauts avec M. de Basseux eurent un grand retentissement et attirèrent l'attention de la presse. Son jeu est un des plus difficiles à combattre. Bien placé en garde, il sait attendre, ce qui lui permet de soutenir de très longs assauts. De fines absences d'épée fort bien accentuées de la main, sont un de ses traits familiers et servent tour à tour de feintes et de préparations d'attaques. Sa parade a cela de bon qu'il la varie avec facilité, passant du simple au contre et du contre au simple.

Fontenilles est la rapidité même, et il dispose de toutes les roueries qui caractérisent le vieux tireur. Il allonge assez bien, mais préfère attaquer en marchant, et en cherchant à tromper l'épée. Il riposte du tac au tac, et est moins préoccupé des préparations et des combinaisons que de la spontanéité et de la décision dans les coups. Il n'essaye jamais d'escamoter un touché; et c'est même avec la plus grande courtoisie qu'il accuse le coup de bouton.

Le marquis de Fontenilles fréquente maintenant la salle Pons, qui se trouve à deux pas du magnifique hôtel qu'il possède dans le faubourg Saint-Honoré, et où il continue à se faire remarquer par son zèle et son assiduité.

ALBERT DE SAINT-ALBIN

Albert de Saint-Albin est, sans contredit, celui des journalistes dont le nom est le plus intimement lié à l'escrime parisienne. Professeurs et amateurs connaissent ses articles, signés du pseudonyme de Robert Milton, et dont la critique parfois mordante, mais juste, donne à la suite d'un assaut la valeur d'un tireur.

Tous ont passé à la pointe de cette plume au trait serré qui accuse les défauts, mais sait aussi reconnaître le mérite en armes et lui donner sa cote officielle.

Cette cote fit sa première apparition en 1875, sous le titre : *les Salles d'armes de Paris*, c'est une galerie complète et exacte de l'escrime à cette époque, et un document que tous nos amateurs devraient avoir dans leur bibliothèque.

Pour être reconnu aussi compétent en la matière, il fallait être tireur; grâce à ses qualités naturelles et aux leçons de Vigeant, Saint-Albin est assez fort à l'épée pour mériter à son tour l'attention d'un critique.

Sa plume et son épée ont plusieurs points de ressemblance, il attaque peu, mais très à fond, il affectionne la défensive et garde très habilement sa mesure.

Il abuse peut-être des coupés dans le haut, mais il change brusquement au moment où vous vous y attendez le moins et rentre à l'improviste par de rapides dégagements dessous, exécutés soit en remise, soit en redoublement et immédiatement suivis de sages retraites.

N'allez pas vous jeter sur lui, car vous tireriez dans le vide et devant une main très en ligne qui profite du premier jour.

Je disais plus haut que la galerie complète des tireurs parisiens se trouvait dans son ouvrage, je me trompais, quelqu'un y est oublié, et ce quelqu'un, c'est l'auteur lui-même, bien à tort certainement.

THÉODORE DE GRAVE

L'HOMME d'épée que je vais crayonner maintenant est un des hommes les plus aimables et les plus sympathiques du monde des lettres. Doué d'un caractère essentiellement chevaleresque, il fallut à de Grave servir de témoins quarante fois peut-être dans les duels de ses amis. N'allez pas croire que c'est un bretteur de profession, vous seriez dans l'erreur, car personne plus que lui n'est ennemi du sang. Pour vous en convaincre, parcourez l'intéressant ouvrage qu'il a publié, il y a deux ans, sur les drames de l'épée, et vous verrez qu'en se faisant l'historien du duel, Théodore de Grave a pris à tâche de le faire détester. Ce qui ne l'a pas empêché cependant d'aller souvent sur le pré et de mettre habit bas. Que voulez-vous? il est de ce pays méridional où l'on se bat encore pour une consonne mal placée ou une coupe d'habit, comme au temps de Bussy qui croisa le fer vingt fois pour un pourpoint neuf.

Théodore de Grave compte cinq duels à son actif; plus, à la joue droite, une superbe balafre, en partie dissimulée, il est vrai, sous une moustache aujourd'hui grisonnante, mais d'une allure tout à fait crâne.

Le premier duel de Théodore de Grave, mérite d'être raconté dans tous ses détails. Il servira d'ailleurs à dépeindre, mieux que nous ne saurions le faire, le caractère droit et ferme de ce parfait galant homme.

Ce duel date de 1851. Théodore de Grave avait alors vingt ans. C'était à Toulouse, où il étudiait le droit, sans grande conviction, paraît-il, car bien qu'il ait fait longtemps partie, à Paris, de la célèbre conférence Molé, il a toujours négligé, croyons-nous, de se faire recevoir licencié.

Donc, un jour, un jeune étudiant qu'il connaissait à peine, vint le prier de lui servir de témoin.

— C'est impossible, dit de Grave.

— Pourquoi impossible ?

— Parce que je ne me suis jamais battu et que je ne saurais me présenter comme second dans un combat, avant d'être allé sur le terrain pour mon propre compte.

— Ah ! ici, répondit le jeune étudiant, nous n'avons pas l'habitude d'y regarder d'aussi près ; et puis, ajouta-t-il d'un ton belliqueux, vous verrez un vrai duel, un duel à mort.

Ce jeune homme qui était du Midi, de ce Midi dont l'accent est tout un poème, ajouta avec véhémence :

— Je suis résolu à venger dans le sang de mon adversaire l'outrage dont j'ai été victime.

— Que vous a-t-il donc fait ?

— Ce qu'il m'a fait ! il m'a flanqué trois gifles.

— C'est beaucoup trop ; mais pourquoi trois gifles ?

— Et que voulez-vous ? il était enragé ; une fois la main partie, il n'y avait plus moyen de l'arrêter : j'ai appris qu'il avait servi dans les lanciers et que c'était un homme du Nord. Mais je suis du Midi, moi, et je vais le massacrer !

— A quelle arme vous battez-vous ?

— J'ai choisi l'épée, mais j'accepte tout ce qu'il voudra, la hache d'abordage, s'il veut, le couteau, la flèche empoisonnée, tout, tout... je veux boire son sang.

— C'est bien, fit alors Théodore de Grave, je comprends l'impatience où vous êtes de venger votre honneur. Je serai votre témoin.

MARQUIS D'ALTA-VILLA

Le lendemain on se rendit à Blagnac, petite commune des environs de Toulouse.

L'adversaire du jeune Méridional était un grand garçon de vingt-cinq ans à peu près, à l'air parfaitement calme, d'une tenue des plus correctes, et qui, sans émotion aucune, s'apprêtait de la façon la plus simple et aussi la plus naturelle à ce petit égorgement mutuel.

L'autre, au contraire, depuis qu'il était sur le terrain, paraissait très préoccupé; il était excessivement pâle, fort agité et avait une très grande tendance à regarder ce qui se passait derrière lui : c'était comme un tic.

Cependant on met habit bas, on place les deux champions face à face, et on leur remet les épées.

Mais à ce moment, le jeune étudiant, de pâle qu'il était, devient livide; sa main tremble, ses jambes flageolent; bref, les signes les moins équivoques de la plus grande poltronnerie ne peuvent plus être dissimulés; il avait une peur bleue.

Théodore de Grave s'approche alors de cet aimable *client*, et lui administre un grand coup de poing dans le dos, en lui disant :

— Misérable! si vous quittez la place, je vous arrache les deux oreilles!

Mais l'adversaire et ses témoins s'étaient aperçus des *faiblesses* de l'étudiant; ils suivaient de très près et d'un air railleur les phases de cette lutte qui n'avait rien d'homérique.

— Je vois ce que c'est, dit tout à coup l'adversaire de celui qui, la veille, parlait de tout massacrer, monsieur est un poltron de *primo cartello*.

Et il ajouta en se tournant vers les témoins :

— Pardonnez-moi, messieurs, de vous avoir conduits à pareille aventure, mais voilà ce que c'est que d'avoir affaire à des gamins.

A ce mot de « gamins », Théodore de Grave s'avance vers celui qui venait de le prononcer :

— Je comprends, monsieur, lui dit-il, votre indignation; mais permettez-moi d'ajouter que vous vous trompez étrangement en confondant dans un même accent de mépris tous ceux que vous avez devant vous; je relève votre insulte, monsieur, et vous somme de vous battre avec moi, et sur-le-champ, sans quoi je vous tiendrai pour un lâche!

Cette fois le combat commença et de Grave eut la chance de donner un très joli coup d'épée à son adversaire dans le côté droit.

Quand tout fut terminé, celui qui nous occupe se tourna vers l'étudiant et lui dit :

— Je vous engage, jeune imbécile, à quitter Toulouse au plus vite; car, demain, je ferai tout ce que je pourrai pour vous faire chasser des bancs de l'École de droit; vous n'êtes plus digne de vous y asseoir.

— Mais ce n'est pas un étudiant en droit, dit alors le second témoin, monsieur est un élève en pharmacie.

Et voilà comment Théodore de Grave, croyant se dévouer pour sauver l'honneur de l'école de droit, s'était battu pour un herboriste.

Quant à son dernier duel, bien que les noms et le dénoûment aient été modifiés à cause des exigences des personnages du livre, il se trouve retracé tout au long

P. SOHÉGE

dans son volume si intéressant, intitulé : *les Drames de l'épée.*

Il accepta ce duel avec le mari d'une jeune femme qu'il n'avait vue qu'une seule fois en soirée, mais dont il avait surpris, *bien malgré lui,* une confidence.

Plutôt que de révéler un seul mot, pouvant trahir ou compromettre cette femme, qui n'était qu'une imprudente, il alla fièrement sur le terrain. C'est dans cette rencontre qu'il fut blessé à la joue droite; l'épée la lui traversa de part en part en lui brisant une dent. Cette blessure mit six mois à se fermer. Détail assez curieux, ce fut le docteur Lapommerais, celui qui, un an après, mourait sur l'échafaud, qui le guérit.

Grand, doué d'une belle prestance, Théodore de Grave a aujourd'hui cinquante ans et n'en paraît que quarante, tant il a su, à force d'exercices, se préserver de l'embonpoint, cet acte de décès de la jeunesse. Sa physionomie, très expressive, est éclairée par des yeux vifs et doux, et ses traits aristocratiques et fins ressortent agréablement dans le cadre de sa chevelure, légèrement grisonnante.

Doué d'une politesse extrême, Théodore de Grave compte beaucoup d'amis, et ses sentiments de fidélité lui assurent même bien des dévouements. Son existence est des mieux remplies; ses loisirs sont rares. Force lui est de compter avec parcimonie les moments dont il peut disposer. Aussi Vigeant se plaint-il souvent de ne pas voir son élève lui consacrer plus de temps.

De Grave appartient à l'école de Cordelois, qui a été son premier maître. Il possède une grande tenue d'épée et une précision d'à-propos qui lui sont tout à fait particulières. Nul ne sait mieux lire dans la pensée de ses adversaires. Il pare et riposte dans toutes les lignes, et il a pris de Robert aîné, son second professeur, l'élégance, l'esprit et la facilité des coups.

Personne mieux que de Grave ne connaît la théorie des temps, et ses connaissances approfondies en escrime lui assignent dans cette galerie une des meilleures places.

COMTE DE MONTCLAR

Le comte de Montclar, qui est resté le type le plus parfait de l'officier de cavalerie, a été longtemps un de nos plus brillants officiers de lanciers. Ancien élève de l'école de cavalerie de Saumur, il monte admirablement à cheval, et tous les matins on peut le voir travaillant son *crack* dans l'allée des Acacias, et franchissant sur *Batailley,* en compagnie de Masson d'Autumne et de plusieurs autres amis, les quelques mauvais obstacles qui se trouvent autour du Gun-Club.

De taille moyenne, le comte de Montclar est un homme élégant de trente-huit à quarante ans; les cheveux, qu'il porte complètement ras, sont encore bien noirs; une moustache fine et soyeuse se dessine crânement sur sa lèvre; sa figure offre au physionomiste une accentuation de traits qui dénote une énergie peu commune.

Sa carrière militaire, qui s'est terminée brusquement, est marquée par les plus beaux états de services. Qu'il nous soit permis, comme ancien frère d'armes, de raconter comment et dans quelles circonstances il donna sa démission.

Interné dans une ville de la Silésie, il se trouva, comme plus ancien officier, notre *chef de calotte*. Comme tel, lui incombait toutes les charges et tous les ennuis de la captivité. L'officier prussien, véritable garde-chiourme en épaulettes, qui était chargé de la garde des prisonniers, était dur et grossier. Les rapports avec cet homme étaient des plus difficiles, et Montclar, qui était journellement en relations avec cet officier, avait pu, grâce à son tact, faire un assez bon commerce avec lui.

Un jour, la brute reprit le dessus, et l'officier prussien froissa tellement l'officier français, que celui-ci se démit de ses fonctions et chercha le moyen de se venger de l'injure qui lui avait été faite. Il fallut malheureusement attendre, et ce n'est qu'après que la paix fut signée que le comte de Montclar put songer à se mesurer avec ce pandour. Sans hésiter, il donna sa démission, partit pour l'Allemagne et provoqua en duel son insulteur.

Le duel eut lieu au sabre de cavalerie, à la frontière autrichienne, et l'officier prussien fut blessé tellement grièvement qu'il succomba le surlendemain à la blessure qu'il avait reçue.

Depuis lors, Montclar rentra dans la vie civile et se livra à ses sports favoris, la chasse, l'équitation et l'escrime.

Comme c'est de l'homme d'épée que j'ai à parler, je

laisserai de côté l'écuyer et le chasseur, pour m'occuper de l'escrimeur.

Le comte de Montclar, qui a commencé l'escrime avec Grisier, est aujourd'hui l'élève de Caïn.

C'est dans la petite salle d'armes qu'il a fait installer dans son hôtel du parc Monceau qu'il travaille chaque jour. Bien placé en garde, il attaque rarement, et toute sa science consiste à ne pas dépenser ses forces inutilement, de manière à pouvoir toujours être correct.

C'est un tireur à la garde élégante, dont le jeu consiste dans des attaques très *vites* et très régulières, faites par des dégagés et des une-deux. Sa main vigoureuse ramène souvent, par des parades de contraction en septime, le fleuret de son adversaire dans la ligne basse, et touche par des ripostes d'autorité.

Il a aussi une prédilection marquée pour le contre de quarte, suivi de riposte par redoublement. Grâce à Caïn, Montclar, qui ne tire jamais en public, peut être classé dans les dix meilleurs tireurs de Paris.

CHARLES FRANCONI

Charles Franconi est le fils de Victor Franconi, directeur des deux Cirques. Agé de trente-trois ans environ, c'est un des types les plus élégants de la jeunesse parisienne. Grand, svelte, bien pris, le teint mat, la lèvre ombragée par une moustache fine et blonde, bien dessinée et légèrement relevée, le regard d'une extrême douceur, d'un caractère affable et très sympathique.

Charles Franconi est très recherché dans la haute société, où il compte de nombreux et bons camarades.

Élève de Gâtechair, avec lequel il a commencé l'escrime à l'âge de seize ans, il appartient maintenant à la salle Jacob, qui, dans les grandes circonstances, le présente comme un des beaux fleurons de sa couronne. A tort ou à raison, on le dit partisan des comités qui se sont formés depuis ces dernières années, dans le but de réformer l'enseignement de l'escrime, sans s'occuper de l'opinion des maîtres d'armes, accaparant ainsi à leur profit le prestige et l'autorité, dont doivent toujours jouir ces derniers, et dont ils jouissent depuis les temps les plus reculés, ainsi que le dit le document suivant :

« Des maîtres d'armes de Paris, érigés d'abord en corporation, ne tardèrent pas à former une Académie qui fut reconnue par le roi Charles IX. Les privilèges que leur accorda Henri III furent confirmés par Henri IV et Louis XIII. Des lettres patentes de Louis XIV, datées de mars 1856, portent que : « le Roi voulant traiter favora-
« blement les vingt-cinq maîtres en fait d'armes qui
« composent cette Compagnie, Sa Majesté veut que
« dorénavant ceux qui seront reçus maîtres en fait
« d'armes aient lettres de son procureur du Roi au
« Châtelet.

« Que les maîtres se rendront pardevant Sa Majesté
« pour faire nomination ENTRE EUX, jusqu'au nombre de

« six auxquels elle accordera lettres pour porter à l'avenir « la qualité de noble, après vingt années d'exercice dans « la ville de Paris, de laquelle jouiront leurs descendants, « sur informations de vie et de mœurs.

« En outre, Sa Majesté permet à ladite Compagnie de « prendre pour armes le *champ d'azur à deux épées mises « en sautoir, les pointes hautes, les pommeaux, poignées et « croisées d'or accompagnées de quatre fleurs de lys, avec « timbre au-dessus de l'écusson et trophées d'armes autour.* »

Que les membres des comités dont je parle méditent ces paroles, et comme tous sont des passionnés de l'escrime, je ne doute point qu'ils abandonneront ce projet pour revenir à cette vieille législation. Respect et honneur aux maîtres, telle doit être la devise de nous tous.

Cela dit, revenons à ce tireur hors ligne qui a nom Charles Franconi. Doué d'une énergie extraordinaire, il peut soutenir sans aucune fatigue, grâce à la souplesse de ses muscles, un long assaut.

Quoique de l'école classique de Gâtechair, son tempérament nerveux le jette bien vite dans l'école romantique : il tire à la *Chicot*, et son jeu est tellement vigoureux, tellement à surprises, que la plupart des maîtres de Paris hésitent à risquer leur réputation, en tirant en public avec lui. Caïn est le seul qui, je crois, à eu cette audace et qui l'a combattu avantageusement. C'est, sans aucun doute, le tireur de Paris le plus difficile à aborder. Replié sur lui-même, le corps, solidement fixé sur des jambes excellentes, est légèrement penché en avant, ainsi que la tête.

Ne respirant que du nez, comme les coureurs antiques, il a, suivant le tireur qu'il combat, ou l'épée fixe et bien en arrêt, la garde basse, ou ne donnant pas le fer, la garde et l'épée basses, prêt à la défensive par retraite, vous guettant comme un chasseur à l'embuscade, et bondissant sur vous lorsqu'il croit vous joindre par un coup droit rapide. Tantôt il s'empare de votre fer, en le battant ou le froissant, selon votre garde, mettant ainsi à néant toutes vos conceptions; il fait généralement suivre ce mouvement d'un dégagement par retirement de bras. Il se tient à une distance inouïe, ce qui trompe toujours son adversaire.

Lorsqu'il rompt, il protège sa retraite par la septime et le double-contre de septime liée suivie d'une contre-riposte variant alternativement de sixte ou d'octave; il double la rapidité de ses parades en les exécutant en rompant. Il n'est guère possible de le toucher que par des coups d'arrêt, en dérobant le fer en contre-riposte; et lorsque, acculé à un obstacle, il s'embrouille à cause de son extrême rapidité, qu'il ne sait ni maîtriser, ni modifier selon la rapidite d'exécution de son adversaire, il tire aussi rapidement contre un débutant que contre un tireur consommé.

LE COMTE DE LABENNE

Le comte de Labenne est la plus brillante personnification du gentleman français. Écuyer de premier ordre, tireur de première force, fusil des plus habiles, il excelle dans tous les exercices du corps.

Agé de trente-cinq ans, de taille moyenne, svelte, souple et bien pris; sa moustache, blonde et soyeuse, se dessine crânement sur sa lèvre souriante. Sa physionomie sympathique, d'une expression pleine de finesse, ses traits corrects et réguliers, révèlent une grande énergie, tempérée par un caractère plein de douceur et de bienveillance.

A des aptitudes physiques naturelles et une intelligence rare, le comte de Labenne joint une connaissance très grande de l'art de l'escrime, et une science telle qu'il arrive à occuper le premier rang à côté d'Alfonso de Aldama, d'Ezpeleta, du comte Lindemann, de Waskiewicz et de Ferry d'Esclands.

C'est au collège municipal Rollin que M. de Labenne a commencé l'escrime. Son premier professeur a été cet excellent Bertrand. Ses travaux, ses études, l'obligèrent d'interrompre, pendant plusieurs années, ses leçons; mais aussitôt qu'il put reprendre le fleuret, il se fit inscrire chez Gâtechair, à la salle du passage de l'Opéra, où il eut successivement pour professeurs deux de nos célébrités : Vigeant et Caïn.

Sollicité par ses nombreux amis, le comte de Labenne se fit inscrire à la salle d'armes du cercle de l'Union artistique. Mais reconnaissant bien vite l'impossibilité de devenir un tireur de première force dans une salle de cercle, dont les professeurs à appointements fixes ne s'intéressent généralement que très médiocrement aux progrès des élèves, il continua à fréquenter la salle du professeur Caïn, qu'il considère avec raison comme le plus habile démonstrateur et le plus célèbre plastron.

Il lui prêta son concours, et, grâce à ce patronage, Caïn ne tarda pas à avoir une des premières salles de Paris.

Le comte de Labenne est un de nos rares tireurs qui aient le mieux compris que toute la science de l'escrime résidait dans l'étude du plastron ; chaque matin on peut le voir plastronner avec Caïn dans la petite salle d'armes qu'il a fait installer dans son hôtel.

Son jeu est très varié et plein de ressources : épée fine, rusée et redoutable; d'une rapidité et d'une pureté d'exécution remarquables. C'est le classique porté à son plus haut degré. Doué d'une grande énergie, il est infatigable sous les armes. Il a le poignet bien placé, et sa parade a cela de bon qu'il la varie avec facilité, passant du simple au contre et du contre au simple. Les ripostes sont étonnantes et arrivent au corps avec une précision mathématique et la rapidité foudroyante de l'éclair.

COMTE HENRI DE VIBRAYE

Le comte Henri de Vibraye, qui est un ancien officier de cavalerie, est un des membres les plus élégants du Jockey-Club. Montant à cheval comme un des meilleurs écuyers de l'école de Saumur, on le voit presque chaque matin galoper un magnifique *cob* dans l'allée des Poteaux. Soldat de vieille roche, sportsman accompli, c'est parmi nos tireurs parisiens le *leader* de l'élégance et de la courtoisie. De première force en escrime, le comte Henri de Vibraye est, avec le défunt général Ney, duc d'Elchingen, un de ceux qui ont le plus travaillé à donner à l'escrime le rang que cette science occupe, à l'heure qu'il est, dans l'éducation des jeunes gens.

Henri de Vibraye, qui approche de la quarantaine, fait partie de la Société d'escrime de Pons. C'est là qu'on le rencontre le plus souvent, tirant avec le comte Potocki, Thomeguex et Le Roy.

Il est membre de la Commission de l'École d'escrime française; et si un jour cette Académie, ainsi qu'elle s'intitule orgueilleusement, vient à disparaître, ce qui est probable, le comte de Vibraye n'aura rien à se reprocher.

Ce n'est pas ici, du reste, que je veux faire le procès de la salle de la rue Saint-Marc; cela viendra en son temps, et, lorsque le moment sera venu, je ne cacherai rien et je dirai tout mon sentiment sur cette salle, qui compte, je dois le dire, les meilleurs et les plus fines lames de Paris.

Le mal ne vient pas de là, il vient d'ailleurs. Je dirai pourquoi.

Comme tireur, Vibraye est très régulier, et l'exécution de son jeu est plein de finesse. Ses parades sont sèches, fermes et d'une grande rapidité. La parade de prime, suivie du coupé de revers, est un de ses coups favoris. Excessivement rusé, il attaque le plus souvent sur les pièges qu'il tend très habilement à son adversaire, par le froissement de tierce suivi d'un coup droit dans cette ligne, variant avec le dégagement en octave. Ses parades habituelles sont le contre de sixte et seconde suivi de la riposte du dégagement en sixte.

Sa main, qui est un peu dure, désarme quelquefois en seconde; sa force peu commune lui permet de soutenir les assauts les plus longs; il est infatigable.

BRINQUAND

La première fois que j'ai rencontré Brinquand, c'est au duel Pulowski-Errazu. C'est un des plus aimables et des plus sympathiques sportsmen que je connaisse. Témoin avec Fitz-James de M. Gaspard Errazu, il a été d'une courtoisie sans pareille, et si la rencontre a eu lieu, c'est parce qu'il n'y avait pas moyen de l'éviter. De taille moyenne, solidement bâti, grâce aux exercices violents auxquels il s'exerce chaque jour, il est plein de force et de vigueur, et, pour s'en convaincre, on n'a qu'à lui voir lancer la paume lorsqu'il est au Lawn-Tennis. Son teint est légèrement coloré; il porte toute sa barbe. Il a tout à fait le type du seigneur de la cour du roi Henri IV. C'est le sport fait homme, et lorsqu'il ne fait pas des armes, il joue au polo ou il monte à cheval. Il est dans un état perpétuel d'entraînement. Quoique plutôt d'un caractère taciturne que gai, Brinquand est fort recherché dans la haute société parisienne, où il occupe une des meilleures places.

Comme escrimeur, c'est une de nos premières lames, et je crois pouvoir dire aussi que c'est le premier gaucher de Paris.

Brinquand, dont le jeu est des plus difficiles, est la rapidité même. Parfaitement placé en garde, il s'applique toujours à amener des phrases suivies et bien nourries. C'est un tireur de tempérament, infatigable, qui attaque avec une finesse de doigté remarquable, et qui provoque souvent des ripostes, pour donner libre carrière à une série de parades merveilleuses.

Brinquand n'abandonne jamais une phrase sans qu'elle soit terminée par un coup de bouton, et ne néglige pas la remise.

GEORGES DURUY

Un des plus brillants élèves de Caïn. Membre de l'Université et de l'École française de Rome, M. Georges Duruy, fils de l'historien célèbre, s'est fait une place à part dans le monde de l'escrime.

D'une taille herculéenne, les épaules larges mais bien proportionnées, svelte sans être mince, souple, agile, brisé à tous les exercices du corps, Georges Duruy a étudié l'escrime avec plusieurs de nos célébrités. C'est, croyons-nous, au collège Henri IV qu'il prit ses premières leçons. Son professeur était Robert aîné.

Après avoir été reçu à l'Ecole normale supérieure, il continua l'escrime avec Caïn, son maître préféré.

Quelques années plus tard, M. Georges Duruy fut envoyé, comme élève, à l'École française de Rome et, dans la ville éternelle, il profita de ses loisirs pour étudier, avec San Pierri, le jeu de l'École italienne.

Dans les Académies royales d'escrime de Naples, de Florence et de Parme, où les vieilles traditions sont observées, il se mesura avec les San Giuseppe, les San Malato, les Mazaniello, etc., et tint haut et ferme le drapeau de notre bel art national.

De retour d'Italie, M. Duruy reprit assidûment ses leçons d'escrime à la salle Caïn.

Tireur redoutable, Georges Duruy joint à sa tenue brillante sous les armes un jeu très correct et très régulier. La main est vigoureuse, le doigté d'une extrême finesse.

A dire vrai, M. Duruy n'a pas de jeu spécial ; il se règle habilement sur celui de son adversaire ; alors son épée voltige, prompte et légère, sous l'imperceptible impulsion de ses doigts de fer.

Cependant il a une prédilection marquée pour les contres de sixte et septime liée avec ripostes d'octave.

Aux attaques remarquables d'Ezpeleta il joint les parades et les ripostes nettes et précises du comte de Labenne, la finesse et l'élégance d'exécution d'Alfonso de Aldama.

Il possède, en outre, une connaissance approfondie des coups d'arrêt par dérobement d'épée.

Ne tire que chez Caïn et ne prend jamais part aux assauts publics.

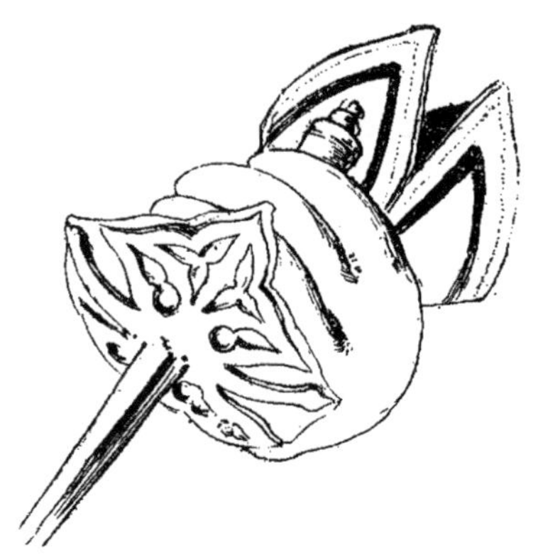

PARIS

ART — LETTRES — SPORT

LES HOMMES D'ÉPÉE

AMATEURS PARISIENS

Deuxième Série

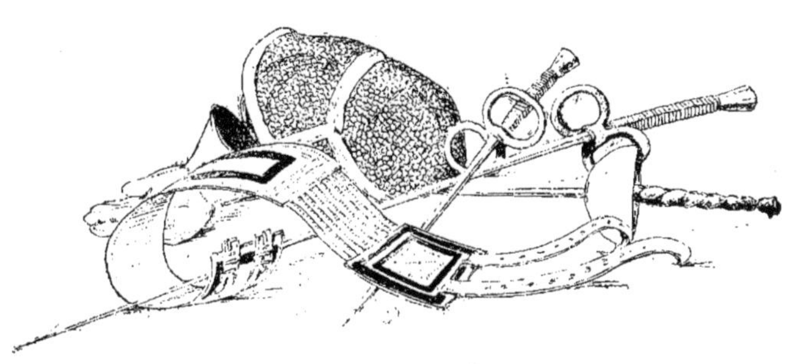

YVAN DE WŒSTYNE

Sans contredit, physionomie sympathique entre toutes.

Ivan de Wœstyne aime beaucoup l'escrime, qui a fait partie, comme nous allons le dire, de sa première éducation. Mais il ne se met plus en garde avec la correction irréprochable d'un professeur, parce que, dans le temps où il appartenait à l'armée, il fit une chute de cheval, qui lui laissa une claudication, peu apparente d'ailleurs.

Il a dépassé la quarantaine, mais il a conservé une

grande vigueur : il a le type de l'officier en bourgeois. Ses traits fins et aristocratiques ressortent agréablement ; sa moustache estompe avec crânerie ses lèvres souriantes, et son regard a des alternatives de vivacité et de douceur qui décèlent exactement son caractère.

Wœstyne est un ancien élève de Cordelois; mais avant ce maître célèbre il avait reçu les premières notions d'un sergent-major d'infanterie qui, chaque dimanche, promenait son jeune élève dans tous les assauts. Un jour même il le conduisit dans une foire, où le jeune de Wœstyne, qui avait douze ans, s'escrima comme un beau diable, devant une foule qui avait payé dix sous d'entrée. Un ami de la famille reconnut le petit tireur prodige, et denonça au père la spéculation dont le fils était l'objet de la part de son maître. Le sergent-major fut renvoyé, et Wœstyne passa aux mains de Cordelois, qui le garda jusqu'à dix-huit ans, époque à laquelle notre confrère entra aux écoles, d'où, quatre années plus tard, il sortit officier d'artillerie.

Nous avons dit que son accident l'empêcha de se remettre au fleuret ; mais cela ne fit pas qu'il ne se battît quatorze fois, et dans des conditions parfois exceptionnelles.

Il faut relater ici quelques-uns des duels de Wœstyne, parce que certains mériteraient d'être illustrés et donnés en primes extraordinaires dans les salles d'armes, pour le plus grand divertissement des amateurs.

C'était dans une grande ville de province, pendant les fêtes du carnaval.

De Wœstyne et un de ses camarades de régiment,

pour répondre à l'invitation d'une des notabilités de l'endroit, se déguisent en pierrots. Après la fête, les deux amis s'égarèrent dans un bal public où, les vapeurs du champagne aidant, nos jeunes officiers perdirent, dans l'enivrant tourbillon des danses, la notion la plus élémentaire de la réalité. Le lendemain, à l'aube, de Wœstyne était étendu dans son lit sans savoir comment il y était venu, lorsque deux messieurs vinrent lui demander une réparation par les armes, d'un formidable coup de poing qu'un de leurs amis aurait reçu de lui la veille.

Or Ivan de Wœstyne n'avait aucun souvenir d'avoir jamais aperçu son adversaire ; mais comme il ne refuse pas d'habitude les fines parties sur le pré, il constitua des témoins et gratifia l'homme au coup de poing d'un vigoureux coup d'épée. Vingt-quatre heures après, il apprenait que le provocateur s'était trompé de pierrot, et que c'était à son ami, à lui Wœstyne, que revenait l'honneur du coup de poing.

Cependant il ne se battit pas toujours pour le compte des autres.

Rendez-vous avait été pris, un beau matin, à cinq heures, dans le parc d'une propriété particulière. Mais quand Wœstyne s'y présenta, il ne trouva qu'une lettre d'excuses, disant que l'adversaire, forcé par des circonstances imprévues, avait dû s'éloigner, etc.

Bref, le monsieur se sauvait en oubliant de laisser son adresse !

Furieux, Wœstyne et ses deux amis coururent à la gare, prirent le premier train qui passait et se mirent à la poursuite du fuyard, comme ça, au hasard.

Les folles pérégrinations du *Brésilien* d'Offenbach n'eussent été que des promenades de digestion, comparées aux recherches de Wœstyne à travers toutes les villes d'eaux d'Allemagne et les stations hivernales d'Italie. Efforts inutiles !

Il ne devait retrouver que vingt ans plus tard son adversaire, qui était alors ministre résident dans une capitale. Inutile de dire que le duel fut remplacé par un succulent dîner.

Un jour, au camp, Wœstyne, alors aide de camp d'un général, fut conduit par hasard dans un café où les officiers d'une brigade de cuirassiers avaient établi leur quartier général. Son entrée fut saluée par les lazzi de toute l'assistance.

« Eh ! petit criquet, pistolet à quatre roues ! »

Il faut dire qu'il n'était pas un des officiers de cuirassiers qui n'eût au moins une tête de plus que l'artilleur qui s'était egaré par là. Wœstyne grimpa sur une chaise, demanda le silence, et le plus poliment du monde :

« Pardon, messieurs, dit-il, je cherche un officier de cuirassiers intelligent, ou un trompette d'artillerie. »

Il n'arriva pas à en dire plus long, toute l'assemblée s'était ameutée contre l'artilleur.

. . . .

On se battit *à chèval*, au sabre, au clair de la lune : les chevaux furent grièvement blessés, les cavaliers démontés, et on ne sait comment l'aventure se fût terminée, si un officier supérieur n'était venu l'interrompre en flanquant tout le monde aux arrêts.

IVAN DE WŒSTYNE

Après le duel qui n'a pas eu lieu grâce à la fuite de l'adversaire, et l'autre qui a été empêché comme on vient de le voir, en voici un plus sérieux. Il date de 1868.

Wœstyne souffrait d'une insoutenable névralgie, et agacé par un monsieur qu'il connaissait à peine, il lui envoya un soufflet.

Un duel s'ensuivit à Bougival. On tira au sort les épées et les places. Wœstyne perdit deux fois. Dès qu'on eut dit : *Allez !* les adversaires fondirent l'un sur l'autre avec un tel acharnement, que les témoins, pris de peur, arrêtèrent le combat, qu'ils remirent à une heure plus tard.

Pendant ce temps, Wœstyne perdit à l'écarté, avec ses témoins, tout ce qu'il avait d'argent sur lui. La journée s'annonçait mal. Quand le combat recommença, l'épée de Wœstyne se brisa à la coquille. Dès lors on dut se servir de ses épées. « La chance me revient, » dit-il; il en avait besoin, car l'adversaire était redoutable. Wœstyne feignit de se découvrir; et comme l'épée ennemie lui traversait la chemise sans le toucher, la sienne perçait de part en part l'adversaire qui s'était jeté dessus.

Ivan de Wœstyne, dont le principe est d'attaquer toujours, ne s'est battu au pistolet qu'une seule fois, et dans des conditions particulièrement honorables pour lui, puisque après avoir essuyé les deux balles de son adversaire, il vint appliquer les deux bras sur les épaules de celui-ci, et, tirant ainsi ses deux coups en l'air, il lui dit : « Je trouve, monsieur, que décidément le duel au pistolet est absurde. »

Ivan de Wœstyne s'est battu avec Adolple Belot, et en dernier lieu avec M. Ranc; cette fois — la quatorzième — il fut blessé, et, la justice s'étant saisie de l'affaire, il fut condamné à quinze jours de prison. « Comment! Monsieur le président, fit-il, j'ai blessé dix personnes et on ne m'a rien dit. Je suis blessé et on me condamne! Ça ne m'arrivera plus. »

N'est-ce pas que la physionomie de notre excellent et spirituel confrère méritait bien la place que nous lui consacrons aujourd'hui dans cette galerie?

JULES GUÉRIN

La première fois que j'ai vu Jules Guérin, c'est à la Bourse; et il déployait une telle activité en achetant ou en vendant je ne sais quel titre de rente, que je crus devoir photographier cette physionomie étrange, dans laquelle il n'y avait rien de l'homme de Bourse. Son air, ses allures, au contraire, trahissaient un Parisien, et c'est pour cela que je l'ai placé devant mon objectif. J'avais raison, car, quelque temps après, il quittait la finance pour entrer dans le journalisme, non sans avoir fait une halte à la Maison-Dorée et ailleurs.

Jules Guérin, qui est âgé aujourd'hui de trente-deux à trente-cinq ans, appartient, comme secrétaire de la rédaction, au journal *le Gil-Blas*. Il est blond et de taille moyenne, solidement bâti, et plein de force et de vigueur. Une moustache fine et blonde se dessine au-dessus d'une lèvre mince et railleuse. Ne parlons pas des cheveux, car il y a beaucoup de déserteurs. Néanmoins, si le sommet de la tête commence à se dégarnir, soyez bien persuadé que les annonces de l'Eau des Fées le laissent complètement indifférent. Il est d'une myopie à prendre Mlle Sarah Bernhardt pour Madeleine Brohan. Le monocle et la cigarette ne le quittent jamais.

Jules Guérin est l'homme le plus aimable de la terre ; et au temps où *Gil-Blas* publiait des histoires croustillantes, personne mieux que lui ne savait répondre aux nombreux solliciteurs qui venaient présenter des manuscrits, souvent idiots : « C'est très bien écrit, c'est fort intéressant, mais malheureusement ce n'est pas notre genre ; donnez-nous autre chose. » Malgré cette amabilité que tout le monde se plaît à reconnaître, Guérin fut obligé d'aller sur le terrain.

C'est au Vésinet qu'eut lieu la rencontre. Les témoins étaient MM. Albert Delpit et Duval; son adversaire, M. de Montigny. Après plusieurs engagements, M. de Montigny était blessé, et comme la blessure était insignifiante, on recommença le combat, qui se termina de nouveau par deux autres blessures pour M. de Montigny.

C'est à la salle Jacob que Guérin commença l'escrime. Son jeu est inégal, dangereux ; il a la garde un peu couchée, le bras légèrement allongé, la main basse. Ce n'est pas un tireur de salle ; aussi ne le voit-on figurer dans aucun assaut ; son jeu est un jeu de terrain. Il est très fougueux et abuse un peu du redoublement, sans se préoccuper assez de la riposte. Il attaque volontiers de pied ferme, marque admirablement les feintes de dégagements. Sa grande qualité est de tromper les contres, et sa dextérité de doigté est telle qu'elle étonne souvent Caïn, chez lequel il travaille maintenant.

PARET

Paret, que je vous présente maintenant comme escrimeur, vous le connaissez tous. Vous l'avez vu à la Bourse, aux premières représentations, ou dans une réunion quelconque de sport. Il porte toute sa barbe, qui est, comme ses cheveux, blond châtain. Je ne veux pas parler du sommet de la tête, qui se dégarnit un peu. Paret est un gentleman accompli, qui ne compte que des amis et que ses manières distinguées font rechercher par la haute société. Sa parole est bienveillante, et jamais il n'a songé à être désagréable à personne.

Fils aîné de veuve, frère d'un officier de dragons qui était, il y a quelque temps encore, capitaine à l'École de guerre, Paret aurait pu se dispenser, comme d'aucuns, de faire la campagne de 1870. Le cœur était trop bien placé chez lui pour assister indifférent aux malheurs de la patrie, et au premier appel du clairon on le trouva à la tête de cette jeunesse courageuse que Franchetti — cet héroïque soldat qui a trouvé à Champigny une mort glorieuse et enviable — avait enrôlé pour la défense de Paris.

Paret fit son devoir bravement, et un jour ou l'autre sa belle conduite trouvera une autre récompense que celle du devoir accompli. Comme ce n'est pas de l'homme de guerre dont il s'agit ici, je reviens à l'homme d'épée.

C'est au collège municipal Rollin, dont son père était le proviseur, que Paret commença l'escrime, et c'est Bertrand qui lui en apprit l'alphabet. Très amoureux de cette science, il ne tarda pas à en connaître tous les secrets; ce fut Robert qui devint alors son professeur.

Le jeu de Paret consiste surtout dans des attaques, qu'il fait très *vites;* sa main est bien placée, et quand il tombe en garde, méfiez-vous, car ses une-deux sont d'une rapidité d'exécution foudroyante.

La parade, chez lui, laisse un peu à désirer; mais, quand l'occasion se présente, il saisit son adversaire dans sa préparation et fournit une attaque à fond qui manque rarement son but. Dans les assauts, où on le voit souvent, il est toujours très brillant.

BARON HARDEN-HICKEY

(SAINT-PATRICE)

Le baron Harden-Hickey, qui, sous le pseudonyme de Saint-Patrice, s'est fait une place dans le monde des lettres, mérite à plus d'un titre de figurer dans notre galerie des hommes d'épée.

C'est un studieux en armes, qui est initié depuis longtemps à tous les secrets de l'escrime.

Grand, robuste et bien assoupli, le baron Harden-Hickey porte fièrement une tête dont le fin profil annonce des sentiments de fidélité et d'énergie qu'il a mis au service de son pays d'adoption. Parfaitement placé en garde, il s'applique toujours à amener des phrases suivies et bien nourries. Il attaque par des battements d'épée, et ses coups favoris sont les coupés, qu'il exécute avec une vitesse prodigieuse et une justesse remarquable.

Il tire de loin; il est très posé, très régulier, et d'une vigueur extraordinaire. Il est infatigable, et je ne connais qu'un homme capable de soutenir un aussi long assaut que lui : c'est le comte Potocki.

Marié à Mlle de Sampiéri, — une des plus jolies filles de la colonie étrangère de Paris, — l'hôtel qu'habitaient le baron et la baronne Harden-Hickey était le rendez-vous de toute l'élite de la haute société parisienne. L'exil du directeur du *Triboulet* a fermé momentanément ce salon hospitalier; nous disons momentanément, car nous nous plaisons à croire que la décision qui tient éloigné de Paris le baron Harden-Hickey sera rapportée d'ici peu.

Le duel du directeur du *Triboulet* avec M. de Cyon, directeur du *Gaulois*, n'est pas le seul que l'on puisse porter à l'actif du baron Harden-Hickey. A dix-sept ans, alors qu'il complétait ses études en Allemagne, il eut plusieurs rencontres, au sabre, au pistolet; toutes furent funestes à ses adversaires; dans la seconde de ces affaires, motivée par le langage injurieux qu'employait, en parlant des armées françaises, un officier allemand, ce dernier reçut une blessure fort grave qui faillit lui coûter la vie. Le baron Harden-Hickey possède, en résumé, un jeu classique et serré ; il suit avec un remarquable sang-froid les feintes de la partie adverse, attaque peu de lui-même, mais attaque vivement dès qu'un jour se produit. C'est, en outre, au pistolet, un tireur d'une force très respectable.

A. PÉRIVIER

S'il est vrai qu'en notre siècle d'affaires et de plaisirs peu de journalistes, par la seule vertu de leur épée, aient conquis l'immortalité, il faut reconnaître qu'aujourd'hui bon nombre de nos confrères, entraînés par le grand courant mondain qui envahit les salles d'armes et les fait résonner au loin, ont suivi le mouvement et se livrent avec ardeur à l'art des Saint-Georges et des Jean-Louis.

En tête des plus zélés disciples et partisans de l'escrime, se place M. Périvier, secrétaire général et gérant du *Figaro*.

Ses premières armes remontent à peu d'années, à l'époque de son duel avec M. Rosatti, jeune journaliste friand de la lame, et qui maniait fort habilement l'épée. M. Périvier touchait la sienne pour la première fois ; il fut blessé légèrement ; le motif de la rencontre était d'ailleurs des plus futiles, et il me souvient qu'à côté des compliments que lui valut sa tenue crâne sur le terrain, quelqu'un lui reprocha de n'avoir en rien suivi les conseils préalables qui lui avaient été répétés pour sa garde. « Ma foi, répondit-il, j'ai cru bien inutile de paraître savoir un peu ce que j'ignorais si bien. » Cette réplique peint assez le caractère de l'homme.

Mais la leçon fut profitable, et depuis ce temps les boisseaux de fleurets cassés par lui, s'ils prouvent sa vigueur, indiquent aussi ses nombreuses étapes de travail et les progrès qu'il a dû obtenir, surtout avec un maître comme Vigeant.

Son jeu ferme et régulier accuse déjà cette résistance, cette puissance calme à laquelle seules peuvent prétendre les natures musclées et énergiques commandées par un esprit clair et tenace.

Tête, jambes et mains le servent également bien; aussi Vigeant affirme-t-il que Perivier sera bientôt une des bonnes et fières lames de Paris, et l'escrime n'y perdra rien.

IGNACE EPHRUSSI

Un des noms de la finance, répandu sur le turf, bien connu dans nos salles d'armes, et qui prochainement, je le prédis, retentira dans nos plus grands assauts de l'hiver à Paris.

A. DE SAINT-ALBIN

M. Ephrussi appartient à cette partie de la colonie étrangère essentiellement parisienne qui, par son caractère et ses allures, sa haute situation et ses larges façons d'agir, a promptement conquis chez nous un véritable droit de cité.

Sportsman infatigable, vous le rencontrez au bois de grand matin, montant un superbe gris pommelé russe; sa leçon d'escrime est déjà prise, et l'après-midi il est encore dans nos salles d'armes.

Doué d'une énergie et d'une volonté heureusement secondées par des muscles d'acier, M. Ephrussi s'est dit, il y a peu d'années, qu'à un Russe aussi parisien que lui il fallait une première loge en même temps qu'un premier rôle dans les représentations du monde de l'épée, et il s'est mis à l'étude avec acharnement. Vigeant est son maître; je crois qu'il serait difficile aujourd'hui de dire lequel des deux est plus satisfait de l'autre. Mais que de patience, que de luttes et de raisonnements il a fallu dépenser pour contenir ce tempérament, pour l'encercler dans les conventions de notre École et les limites, vastes cependant, du romantisme autorisé de notre escrime!

D'une taille assez forte mais un peu au-dessous de la moyenne, avec une constitution dans laquelle les muscles le disputent constamment aux nerfs, et réciproquement, M. Ephrussi, s'il compte parmi les plus ardents, est bien aussi le plus aimable et le plus franc escrimeur que je connaisse, mais aussi un des plus malins; — j'ai déjà dit qu'il était élève de Vigeant.

Servi merveilleusement par ses jambes, il affectionne, dans les débuts d'un assaut, les attaques simples et répétées de pied ferme, les coups d'arrêt; il provoque ainsi l'hésitation dans le jeu de l'adversaire, et l'amène fatalement à subir ses marches, abritées par des doubles engagements et des pressions qui préparent encore des attaques variées.

Dans la défensive, il ne recule pas devant l'usage des doubles contres et les fait suivre de ripostes que son maître lui-même ne désavouerait pas. — Peut-être pourrait-on lui reprocher d'abuser parfois des parades de prime et de seconde, et cependant sa puissance de doigté lui permet de peu redouter ces grands déplacements de pointe et de reprendre avec rapidité les lignes d'engagements, si l'épée ennemie s'est dérobée, ou les lignes de ripostes, s'il l'a rencontrée.

En résumé, M. Ephrussi est maintenant une de nos brillantes jeunes lames; — le bataillon d'élite de nos amateurs d'armes compte un membre nouveau, et l'art de l'escrime un protecteur de plus, aussi ferme qu'éclairé.

HENRY FOUQUIER

Le portrait du brillant chroniqueur du *XIXe Siècle* a été fait si souvent que si je n'avais pas aujourd'hui à vous le présenter comme homme d'épée, je m'abstiendrais de le crayonner, car, sans contredit, avec Ranc, Albert Wolff, Rochefort, Paul de Cassagnac, Aurélien Scholl et

Chapron, c'est une des personnalités les plus connues de Paris et les plus aimables du monde littéraire, dans lequel il occupe une des premières places. Grand, svelte, portant toute sa barbe, qui est châtain foncé, d'une légère myopie qu'il combat à l'aide d'un lorgnon, qui voile sous le masque l'étincelle de son regard, d'une grande aménité de caractère, Henry Fouquier, qui fait des armes depuis vingt ans, est aujourd'hui un de nos forts tireurs, qui n'aime pas beaucoup à ferrailler au dehors. Son jeu consiste dans des attaques *très vites* et très régulières, faites par des dégagés et des une-deux.

Bien placé en garde, il sait être patient, au lieu de dissiper inutilement ses forces, afin de pouvoir profiter de la première faute que commettra son adversaire.

Avec beaucoup d'à-propos, il pare les attaques très sévèrement, en ajoutant au besoin une légère retraite de corps, et riposte du tac au tac avec une grande rapidité. Une des parades que Fouquier a bien dans la main est un contre de quarte d'une vitesse prodigieuse, qu'il exécute sur une retraite assez savamment combinée pour ne jamais perdre la riposte. Son jeu est semé d'embûches et de surprises; il est sage, sobre de grands mouvements.

Quand l'occasion se présente, il saisit son adversaire dans sa préparation et fournit une attaque à fond qui manque rarement son but. Un côté étonnant du jeu de Fouquier, côté peu commun chez un amateur : il ne craint pas d'aborder le débat d'épée par des parades simples.

C'est assurément un tireur fort difficile, qui serait

infailliblement de première force s'il n'avait pas un côté vulnérable, qui est la ligne haute, et un peu aussi s'il ne délaissait pas autant le plastron.

Néanmoins, je le répète, Henry Fouquier possède à fond la science de l'escrime, et c'est un fleuret avec lequel il est dangereux de se mesurer.

DE CHABROL

M. de Chabrol, qui est un des membres les plus distingués du Conseil d'État, a été, pendant la guerre de 1870, chef de bataillon des mobiles de Limoges. A l'armée de la Loire, dans laquelle son bataillon avait été incorporé, il s'est fait remarquer par son entrain, et sa bravoure lui valut la croix de la Légion d'honneur. Jamais décoration ne fut mieux méritée, et jamais poitrine ne fut mieux faite pour la porter. Grand, d'une forte corpulence, portant toute sa barbe blonde, tel est, au physique, le portrait du fils de l'architecte de Chabrol, auquel on doit le Théâtre-Français.

Très communicatif et plein d'aménité, courtois et bienveillant, M. de Chabrol est très aimé dans le monde de l'escrime, et une des qualités les plus appréciables chez un tireur de sa force, c'est de vouloir accepter le combat avec n'importe quel tireur, même avec celui dont le jeu lui est assurément inconnu. Alfonso de

LE CAPITAINE DERUÉ

Adalma possède cette même qualité, et lorsque j'ai eu l'honneur de tirer avec lui, j'ai reconnu aussitôt dans mon adversaire les mêmes qualités que possède M. de Chabrol, l'un des meilleurs élèves de l'illustre Bertrand, dont il a suivi les leçons à l'École polytechnique.

Aujourd'hui il fait partie de la Société d'escrime dirigée par Mimiague; mais, disons-le ici, c'est à Bertrand que M. de Chabrol doit le jeu régulier qu'il possède et qui le fait tant rechercher dans les assauts.

Ses attaques par bonds précipités déroutent quelquefois les tireurs classiques, et ses contres multipliés sont forts gênants.

Calme, froid et inébranlable en présence des feintes de son adversaire, il pare très habilement sur la finale de l'attaque; peut-être avec un peu trop de lourdeur, ce qui paralyse parfois ses ripostes; ses attaques sont dissimulées avec art et exécutées avec un à-propos remarquable.

Néanmoins, il y a dans ce jeu quelques imperfections qu'il faut mettre sur le compte du bras, qu'il raccourcit un peu trop; la réussite serait certaine sans cela ; et si l'assiette du corps était rétablie par un peu plus de flexion sur les jarrets, et si le redressement du corps et de la tête se faisait plus en arrière, il n'y aurait rien à critiquer.

De Chabrol serait un tireur de premier ordre si les admirables qualités dont il est pourvu étaient un peu plus travaillées, et ce serait assurément le plus difficile des tireurs, si, au lieu de travailler la ligne du dedans bas, il pratiquait la ligne haute. Les coups pour coups seraient évités : la chose est facile lorsqu'on a la taille, le coup d'œil, la vigueur et la rapidité du sympathique auditeur au Conseil d'État.

Un peu plus de plastron, et ce sera chose faite.

LE MARQUIS D'ALTA-VILLA DE LA PUENTE

Le marquis d'Alta-Villa est un des types les plus distingués de la colonie espagnole qui vit à Paris. Non seulement c'est un beau cavalier, grand et bien pris; c'est encore un homme aimable, fort apprécié dans tout Paris, et dont la personne fait honneur au monde du sport.

Grand maître de la maison de S. M. la reine d'Espagne, le marquis a su concilier dans ces fonctions délicates l'estime et la sympathie de tous ses compatriotes et de tous ceux qui fréquentent l'hôtel Basilewski.

Doué d'un grand sang-froid, le marquis d'Alta-Villa occupe sans contredit, comme tireur au pistolet, la première place. Ses cartons, du reste, sont là pour consacrer cette maîtrise.

Il faut le voir le jour d'un grand prix au visé ou au commandement.

C'est avec la plus grande tranquillité qu'il va poser son carton, dont la mouche ne dépasse pas le diamètre d'une pièce de cinquante centimes. Là-dessus, il vous fait 35 à 40 mouches d'enfilée, sur 50 coups.

Mais je n'ai pas l'intention de vous parler du marquis comme un amateur de pistolet, ce n'est pas l'affaire du portraitiste des *Hommes d'épée;* c'est comme escrimeur, car c'est un tireur de mérite et de grand avenir, que je vais vous le présenter.

M. d'Alta-Villa, qui n'est guère âgé que d'une trentaine d'années, a eu pour maître M. Manniez. Cet excellent professeur, habile à découvrir des tempéraments exceptionnels, s'aperçut bientôt des grandes dispositions et surtout de la vigueur de son élève, et résolut d'en faire un tireur accompli. La force naturelle de l'élève aidant, le maître ne tarda pas à réaliser son souhait.

Le marquis est aujourd'hui un tireur maniant l'épée avec grâce, dont le jeu, très nerveux et très vigoureux, le classe au nombre de nos meilleurs escrimeurs.

Quand il attaque, ses coups sont portés avec une étonnante justesse; ce qu'il réussit admirablement surtout, et avec la vitesse la plus surprenante, c'est, dans la ligne de quarte, la pression en marchant, suivie d'un coup droit, coup qu'il prépare on ne peut mieux par des engagements de quarte et de tierce. Bien rarement on le lui pare, à moins que l'on connaisse d'avance son extrême vitesse.

Nous lui reconnaissons pourtant un défaut, un seul, mais il est mince : M. d'Alta-Villa attaque trop souvent en marchant; habitude dangereuse, parce qu'elle vous expose toujours aux coups d'arrêt, point de départ et base du jeu de maint tireur, *desideratum* insignifiant, dont le travail et la persévérance du marquis auront sûrement raison.

Que M. d'Alta-Villa continue, et il ne tardera pas à occuper la place qui lui est réservée parmi les plus forts amateurs de Paris.

HENRI DE VILLENEUVE

M. Henri de Villeneuve, qui était auditeur au Conseil d'État à vingt-cinq ans, est un homme de taille au-dessous de la moyenne, blond et légèrement cambré, qui peut avoir actuellement trente-cinq à trente-sept ans. Le reflet de ses yeux bleus donne à sa physionomie l'expression d'une extrême douceur. Sa figure, encadrée d'une barbe blonde, très fine et très soigneusement peignée, ressort agréablement. Doué d'une politesse, d'une affabilité et d'une modestie bien rares chez un amateur de sa force, il est fort recherché par le monde des tireurs.

On le voit dans tous les assauts, on se dispute l'honneur et le plaisir de tirer avec lui. C'est un des bons élèves de Mimiague, dont le jeu est principalement d'attaquer. Ses attaques, qu'il fait presque toujours en marchant, sont généralement précédées du double engagement suivi de *une-deux*, trompé le contre de sixte, ou de *une-deux* coupé, dégagé en pointe volante « en finale d'octave ».

Il soutient très bien l'enchaînement dans le combat en

contre-riposte. Sa tenue est élégante et correcte, et ce serait certainement un tireur de premier ordre, si, modifiant un peu sa garde en accentuant la flexion des jarrets, il se rendait maître de cette précipitation dans le départ qui l'oblige au retirement de bras. Il obtiendrait aussi plus de finesse de doigté, plus de rapidité et de facilité d'exécution dans le jeu de sa pointe, s'il mettait un peu moins de raideur dans sa tenue d'épée. Ces défauts finiront par disparaître un jour ou l'autre.

CHARLES-DAVID DE MAYRENA

Pour un beau fleuret, Charles-David de Mayrena est un beau fleuret, qui fait des armes avec une telle perfection, qu'on se demande s'il n'a pas commencé à étudier l'escrime dans les bras de sa nourrice, à laquelle il devait instinctivement donner pour sûr quelques coups de bouton. Tout jeune, à quatorze ans, il tirait déjà en friand de lame : c'était un fort en thème de l'escrime.

Bâti en hercule, Charles de Mayrena aurait pu recueillir toutes les gloires du maillot, si le hasard, au lieu d'en faire un cuirassier, en eût fait un gymnaste. Après avoir fréquenté les salles de Mille et de Lojés, il est devenu un des fervents disciples de l'académie de Pons. C'est un tireur aux muscles d'acier, s'écartant volontiers de la ligne pour faire perdre brusquement le fer à son adversaire. Son coup favori est les *une-deux* sur engagement de tierce, se découvrant entièrement et très vivement, pour profiter d'un contre pris dans le vide en se fendant à fond.

D'une taille très au dessus de la moyenne, Mayrena, dont la figure est un peu noircie par le hâle, est un homme fort aimable qui compte beaucoup d'amis.

Tireur dangereux, comme tous ceux qui raisonnent l'escrime, il se battit plusieurs fois au 6e dragons, où il débuta comme engagé volontaire. A son premier duel, on dut réformer son adversaire. Aux spahis, il eut plusieurs autres affaires; il en fut de même au 7e cuirassiers, où le colonel Nitot lui fit délivrer un brevet de maître d'armes. Son humeur batailleuse s'en ressentit tellement, qu'il n'eut plus occasion de s'escrimer qu'à la prise du chemin de fer de Conlie, où il fut blessé et porté à l'ordre du jour.

Son jeu est fort difficile à expliquer, car il est irrégulier; cependant il riposte avec une vitesse remarquable; il allonge bien l'épée, et trompe avec beaucoup de science. En tierce, il entre presque d'autorité par élevation de main. Maintenant, lorsqu'il veut suivre sa méthode, son jeu est très solide; dans les attaques il met une grande impétuosité. Il maintient la main haute, enveloppe parfaitement l'épée dans une parade de septime qu'il fait suivre d'une riposte dans la même ligne. Il trompe souvent l'épée et profite de sa taille pour attaquer à longue portée.

Mayrena ne se contente pas d'être un excellent tireur d'épée; il lui a fallu encore d'autres lauriers. Il est allé les chercher au tir Gastine-Reinette, où, l'an dernier, il a obtenu la première médaille de tir au visé et au commandement.

DES HAULLES

Des Haulles est un loup de mer qu'on rencontre plus souvent à la salle d'armes, l'épée au poing, que sur la dunette d'un trois-ponts, la carte à la main, à la recherche d'une terre nouvelle. Quoique appartenant aux cadres de la marine, il préfère tirer ses bordées du côté de la salle de l'École d'escrime française que du côté des îles de la Sonde. C'est un marin, cependant, mais un marin par fantaisie, ce qui ne l'a pas empêché de faire plusieurs voyages pleins de périls.

Aujourd'hui, Des Haulles a doublé gaillardement le cap de la soixantaine, et on ne s'en douterait point, lorsque, attendant son adversaire, il est en garde, le corps crânement campé sur deux vigoureux jarrets dont le roulis n'a pas troublé l'équilibre.

De taille moyenne, bâti en hercule, le front haut et large, le nez un peu busqué, les cheveux et la barbe légèrement grisonnants, d'une myopie à prendre Mlle Desclauzas pour un bec de gaz, tel est Des Haulles aujourd'hui.

Il y a trente et quelques années que Des Haulles a

commencé l'escrime. C'est un de nos plus fervents amateurs, qui a conservé, ce qui est rare de nos jours, le culte d'un attachement fidèle à son professeur. Modeste à l'excès, comme tout homme d'un mérite réel, il s'efface toujours. Aujourd'hui, il va à l'École d'escrime française par habitude et parce qu'il y rencontre des amis, et surtout parce qu'il a vu mourir successivement ses deux illustres professeurs, Robert père et Robert aîné.

Son jeu est extrêmement varié et plein de pièges. Sa tenue est très correcte, Quoique sa tête soit toujours penchée en avant. Sa main est d'une grande légèreté et son doigté d'une extrême finesse.

Il sait attaquer et riposter comme peu d'amateurs. Sa détente de jarret et du bras est d'une rapidité extrême et rappelle le jeu des meilleurs élèves de Cordelois. Toutes les lignes lui sont familières, et, en tireur accompli, il sait modifier l'exécution des attaques, parades, ripostes et contre-ripostes, et les varier suivant le jeu et le tempérament de son adversaire. C'est un tireur qu'on peut combattre, mais qu'on ne battra jamais. Son jeu, quoique sa grande qualité soit de tromper les contres avec une grande dextérité, est difficile à analyser, car Des Haulles ne fait jamais plutôt ceci que cela ; il comprend très bien qu'il n'y a rien d'absolu en escrime, et que tout y est relatif et subordonné aux circonstances du moment.

Cependant, lisant très bien et à première vue le jeu de son adversaire, il sait, malgré sa myopie, le faire tomber dans les pièges qu'il lui tend, de manière à pouvoir riposter alternativement quarte du tac au tac, ou en se dégageant en ligne haute de sixte, après parade de contre de quarte. Lorsqu'il lui arrive d'attaquer, c'est presque toujours par un changement d'engagement, par battement en quarte et en marchant, suivi de *une-deux* trompant le contre de sixte en octave, ou de *une-deux-trois* en sixte, le bras très raccourci.

Des Haulles est surtout beau tireur lorsqu'il a devant lui un adversaire de sa force : à force égale, la belle est toujours pour lui.

JEAN RICHEPIN

L'AUTEUR de la *Chanson des Gueux* n'est pas un nouveau venu dans le monde de l'escrime. Depuis longtemps Jean Richepin, qui est de première force à tous les exercices du corps, fait des armes ; seulement les intimes seuls connaissent son jeu. C'est dans une toute petite salle de l'avenue de Villiers, chez Sode, l'ancien premier maître d'armes des voltigeurs de la garde, que Richepin va plastronner chaque matin.

Fils d'un ancien médecin militaire, il a commencé l'escrime au régiment. Après l'avoir négligée un peu à sa sortie de l'École normale, il la reprit chez Mérignac père. Il a gardé, de ces débuts sérieux, une grande correction.

Son jeu est nerveux, vigoureux ; il a des jambes excellentes, des doigts de fer, beaucoup de jugement et d'allonge. Il attaque volontiers par des coups simples ; il riposte avec beaucoup de rapidité et de précision. Son côté vulnérable, c'est la ligne haute, et cela provient de l'impétuosité qu'il apporte dans l'assaut. Ce défaut disparaîtra, car Richepin se perfectionne chaque jour. Il arrivera à occuper une bonne place comme escrimeur, car personne ne plastronne avec plus de courage que lui.

ALBERT THOMEGUEX

GRAND, doué d'une belle prestance, physionomie fine et énergique, tempérée par un sourire bienveillant, Thomeguex, qui est à peine âgé de trente-trois ans, porte un nom très connu et très apprécié dans le monde financier. C'est un étranger ayant élu domicile à Paris, et qui est des plus sympathiques.

Il fait partie du cercle de l'Union artistique, plus connu sous le nom de *Mirlitons*, un des clubs les mieux composés de Paris, car on y joue peu, et le baccarat n'est pas le dieu de la maison ; ce qui n'empêche point d'y mener l'existence la plus complètement agréable que puisse désirer un homme intelligent. Thomeguex, tout en s'occupant du Trois pour cent ou du Mobilier, cause agréablement, ce qui fait qu'on le recherche beaucoup; et croyez bien que ce n'est pas sa faute s'il a dû croiser le fer ailleurs qu'à la salle d'armes.

Élève de Renevier de Genève, il fait des armes maintenant, après avoir été pendant quelque temps l'élève de Robert, avec Prévost, le sympathique professeur de l'Union.

La leçon d'armes est pour Thomeguex un passe-temps favori. Son jeu est fin et correct, très en dehors; sa tenue, académique.

Il allonge assez bien, mais préfère attaquer en marchant; il emploie fréquemment les battements et les froissés, et touche avec sûreté et une force extraordinaires. Son poignet vigoureux maintient correctement le fer dans sa ligne; le corps est solidement attaché au sol, et rien n'est moins facile que de déranger son équilibre. Thomeguex affectionne le contre de quarte suivi de coupés dégagés, ainsi que le contre de tierce avec la riposte par main renversée. Un de ses succès consiste en un battement d'épée coupé et dégagé en marche.

HOCHON

Dans la journée, sous les colonnades de la Bourse, au beau milieu de ces financiers enfiévrés, vous rencontrerez Hochon criant la cote de sa voix de Stentor. Le soir, vous le trouverez plastronnant ou faisant assaut, selon la volonté de son professeur, sans jamais se permettre la moindre observation. Il est aussi adroit tireur qu'il est habile financier et bon valseur.

Hochon est un garçon d'une trentaine d'années, fort élégant, fort aimable, de taille moyenne, bien découplé; il a des cheveux d'un blond châtain et frisés; la barbe, qu'il porte tout entière, est bien dessinée.

C'est à l'âge de dix ans qu'il commença, avec Bertrand, l'étude de l'escrime; plus tard il devint l'élève de Grisier, et à la mort de l'excellent professeur il fut du nombre de ceux qui fondèrent la salle Berrier-Robert.

En escrime, le jeu de Hochon, qui est d'une vitesse remarquable, se ressent un peu de son tempérament nerveux. Mais ce défaut ne tardera pas à disparaître chez un tireur qui s'applique chaque jour à exécuter mieux, et qui surtout comprend fort bien que la régularité, la précision de ses mouvements et même la correction de sa tenue en dépendent.

Très habile à lire à première vue dans le jeu de son adversaire, il attaque avec beaucoup d'à-propos, par quatre ou cinq feintes de coupés; mais si son adversaire lui est supérieur, il modifie immédiatement son jeu, et alors, la garde basse, la pointe haute, la main retirée en arrière, il porte le coup droit de bas en haut dans la ligne du dedans bas. Ce coup est généralement fort dangereux à la salle, car il ne touche que grâce à la flexibilité de l'épée adverse, et peut occasionner, à un moment donné, des accidents très graves.

Quoi qu'il en soit, le jeu de Hochon est fort difficile à combattre, et toujours bon à étudier, même pour les classiques. Six mois de plastron, et toutes ces imperfections disparaîtront.

SOHÉGE

Sohége a vingt-huit ans environ; il est petit, mais admirablement charpenté et doué d'une force et d'une élasticité extraordinaires; il a des cheveux bruns qu'il porte toujours courts, et une petite moustache noire. Il a servi pendant la guerre de 1870, comme volontaire, et a fait la campagne de la Loire au 5e bataillon de marche de marine.

Il a commencé les armes avec Pellerin et Jacob; il a fréquenté la salle de Picard; il fait maintenant des armes à l'École d'escrime française, où il vient tous les jours.

Le jeu de Sohége est solide; il consiste dans des attaques très *vites* et très régulières, faites par des dégagés et des *une-deux*. Il pare bien le contre de quarte et riposte très vite du tac au tac. La parade de prime suivie du coupé de revers est un de ses coups favoris, qu'il exécute fort habilement. De fines attaques d'épée fort bien accentuées de la main, si je me rappelle bien l'assaut qu'il fit avec d'Ariste, à l'inauguration de la salle Robert, sont un des traits familiers de ce jeu. Le seul reproche qu'on pourrait lui adresser, à la rigueur, c'est d'avoir le corps un peu trop penché en avant.

Infatigable, grâce à son énergie et à son travail journalier, il peut fournir sans aucune fatigue un long assaut.

Sohége, qui manie également l'épée, s'est battu deux fois. Dans la première rencontre son adversaire a été touché en pleine poitrine ; dans la seconde il a été légèrement blessé.

DE BORDA

Le portrait que je vais tracer est celui d'un des hommes les plus connus du monde parisien. De Borda, qui, comme éclaireur Franchetti, a mérité, pendant la dernière guerre, pour son courage et son dévouement à toute épreuve, la croix de la Légion d'honneur, est l'homme le plus pacifique que je connaisse, malgré le surnom de *Coup d'épée* que lui ont donné ses intimes ; c'est aussi le plus aimable garçon que vous puissiez rencontrer. Toujours prêt à rendre service à ses amis, il n'y a pas d'être plus affable et plus doux que lui avec les étrangers ou avec ceux avec lesquels les hasards de la vie le mettent en rapport.

Malgré toutes ces excellentes qualités, De Borda, qui est brave comme une lame d'épée, a été obligé de se battre deux fois en sa vie ; il n'a pas pu faire autrement ; sans cela, soyez bien persuadé qu'il aurait évité ces deux affaires, avec le même soin qu'il apporte à éviter celles qui peuvent se présenter. Lorsqu'on a, comme Borda, des états de services où à chaque pas se rencontrent des actes de bravoure, on peut sans crainte, à moins de nécessité absolue, éviter de croiser le fer avec le premier venu.

Le surnom de *Coup d'épée* qui a été donné à Borda vient donc plutôt de l'extrême fantaisie de son jeu en escrime, et de sa *furia*, que de ses duels. Jamais nous n'avons vu tirer avec autant de tougue, avec autant d'énergie. Borda dépense — il peut le faire sans marchander, du reste, — une force extraordinaire à la salle. Dès qu'il a mis le masque d'armes et pris l'épée, il frappe d'estoc et de taille, portant à son adversaire des coups terribles ; il se précipite sur lui, le touche, et, bondissant en arrière comme une panthère, il ne lui donne pas même le temps de fournir la parade. Son jeu est fort difficile à suivre, et les meilleurs tireurs de Paris en savent quelque chose. Taillé en athlète, maniant l'épée depuis vingt-cinq ans, Borda peut sans conteste occuper une des premières places dans le monde de l'escrime. Élève de Raimondi, il a pris à ce professeur le saut rétrograde, qu'il exécute parfaitement, et les battements d'épée en marchant. Il tire pour tirer, bien plus que pour briller, et c'est peut-être à cette insouciance du coup de bouton qu'il doit de fournir presque toujours des assauts remarqués.

Il attaque volontiers cependant par des coups simples, en les accompagnant de cris ; personne ne roule mieux que lui les contres de tierce jusqu'à rencontre de fer.

Il attaque aussi, c'est sa nature nerveuse qui veut cela,

par bonds et retirements de main. Il pare la finale et riposte avec rapidité et précision.

Borda est difficile à toucher, mais avec de l'habileté et de l'à-propos on peut arriver à le prendre par son côté vulnérable.

Ne vous y fiez pas trop cependant, car la chose est difficile.

CHARLES LE ROY

Charles Le Roy, qui est l'arrière-petit-fils du célèbre horloger de Louis XV, est un de nos meilleurs agents de change de Paris. Successeur de M. Rigaud, Le Roy occupe, sans contredit, la meilleure place au parquet. Décoré à dix-neuf ans, en 1848, comme volontaire des mobiles, il fut fait officier de la Légion d'honneur pendant la guerre franco-prussienne de 1870, qu'il fit tout entière en qualité d'officier d'ordonnance du général Clinchant. Charles Le Roy, dont le portrait a paru, il y a quelques années, dans un journal financier, est le type le plus parfait de l'officier de cavalerie, sur la mâle figure duquel se lisent tous les faits d'armes les plus glorieux.

C'est chez le vieux Pons qu'il a commencé l'escrime, il y a une quinzaine d'années. Planté sur deux vigoureux jarrets, il est solide comme un roc, et son jeu, quoique fantaisiste, est fort difficile à combattre. Le corps et la

J. C. DE MAGHALAEUS

tête penchés en avant, le bras très étendu, fléchissant très peu les jambes, se tenant à une grande distance et livrant fort peu de fer; c'est un tireur avec lequel les plus habiles sont obligés de compter, car malheur à celui qui est en face de lui et qui laisse la ligne entr'ouverte : il est sûr de recevoir un coup de bouton.

Dans ses attaques, il procède ordinairement par battement de quarte et froissement de tierce suivi du coup droit dans cette ligne, et alternativement, suivant l'effet produit sur la garde inverse, par des doubles battements en sens contraire, avec dégagement en dedans des armes, la main en position de *quinte*, et redoublement aussitôt par le coupé ou le coupé-dégagé en pointe volante, si son adversaire ne fait pas suivre sa parade d'une vigoureuse riposte. Les parades habituelles de Charles Le Roy sont la septime-liée, coupée, battement de quarte.

E. GASSOU

ENCORE une de nos plus fines lames, qui doit à sa modestie de ne pas figurer dans le livre, si intéressant, de M. de Saint-Albin : *Les Salles d'armes de Paris*, et qui ne figurerait pas dans cette galerie si le hasard ne m'avait pas fourni l'honneur de me mesurer avec lui.

Agé de quarante-cinq ans environ, de taille moyenne, solidement charpenté, d'une énergie remarquable, son teint fortement hâlé donnerait à sa physionomie, pleine de finesse cependant, un air dur et sévère, si elle n'était constamment éclairée par un sourire empreint de bienveillance. Steeple-chaser hardi, cavalier élégant, violoniste consommé, E. Gassou est non seulement le sport, mais l'activité faite homme. En quinze minutes il a pris sa leçon d'armes, plastronné et fait assaut.

Il eut successivement pour professeur les célébrités de notre époque : Lafaugère, Gâtechair et Caïn. C'est chez ce dernier que j'eus l'avantage de le rencontrer, faisant assaut avec Louis de Cassagnac, un des tireurs les plus redoutables de l'armée.

M. Gassou déploya dans ce tournoi les plus brillantes qualités d'un tireur consommé ; il mit en œuvre toutes les finesses et toutes les ruses de l'escrime, avec lesquelles il est familiarisé depuis longtemps, car personne ne connaît mieux que lui les roueries de la garde. Son jeu est plein d'élégance, et la rapidité avec laquelle il exécute ses mouvements le place au premier rang des tireurs parisiens. C'est surtout dans la riposte du tac au tac, après le contre de quarte, qu'il excelle; doué d'une finesse de doigté extraordinaire, il trompe en jouant les simples et les contres avec autant d'habileté dans les lignes de côté que dans les lignes de hauteur. Il raisonne l'escrime en homme approfondi et tire plus en professeur qu'en amateur.

Comme fond, e ne connais pas de plus grande force de résistance. Un jour qu'il venait de soutenir plusieurs assauts consécutifs, il tira simultanément, sans prendre de repos, avec deux tireurs ayant dix-huit mois et deux ans de salle. Il se plaça en face d'eux et les attendit; en un clin d'œil l'un fut touché et l'autre désarmé.

M. Gassou, je n'hésite pas à le répéter, est une de nos plus fines lames; il fait honneur à Caïn, son sympathique et habile professeur.

C. CONRAD

A commencé l'escrime chez Ruzé et est maintenant, grâce à des aptitudes physiques et à un véritable amour de cet art, un de ses élèves les plus brillants.

Il se montre trop rarement dans les assauts publics, où l'on aimerait à le voir, certain qu'on est qu'il y figurerait avec succès.

Très bien placé en garde, il parc avec vigueur et excelle surtout dans la parade du contre de sixte suivie d'une riposte droite dans la même ligne. Quand l'occasion se présente, il saisit son adversaire dans sa préparation et fournit son attaque à fond souvent suivie d'un bon résultat.

C. Conrad est un modèle d'assiduité, de zèle, d'exactitude, et, grâce à son énergie et à son travail journalier, il peut rester fort longtemps sur la planche sans se fatiguer.

Son physique est agréable et plaît à première vue; il

est de taille moyenne, svelte, élégant, blond châtain, et dénote, par un sourire sans cesse accusé dans son regard, une grande aménité de caractère.

JULES-DOMINIQUE GIOBERGIA

Dominique Giobergia est le chancelier de la légation de Saint-Marin à Paris. C'est un des types les plus distingués de la jeunesse élégante, qui fréquente les salons, les cercles, et qu'on voit briller au premier rang dans toutes les réunions sportives. C'est encore un homme aimable, fort instruit, qui doit à son mérite un certain nombre de distinctions honorifiques, trahissant sa race et son origine par un cachet aristocratique imprimé sur toute sa personne. D'un esprit très élevé et très libéral, le chancelier de la légation de Saint-Marin compte beaucoup d'amis à Paris. De tels hommes, du reste, font honneur à la fois aux gouvernements qui les emploient et à ceux auprès desquels on les accrédite.

D'un courage à toute épreuve, d'un dévouement quelquefois même téméraire, Giobergia est titulaire d'une médaille d'or de 2e classe, de deux médailles d'argent de 1re et de 2e classe, pour actes de courage.

Dernièrement encore, le gouvernement français lui décernait une médaille d'or de 1re classe, pour avoir, au péril de sa vie, retiré de la Seine un jeune homme qui aurait péri infailliblement.

D. GIOBERGIA

En escrime comme à la boxe c'est un tireur de mérite et d'un grand avenir. Maniant l'épée avec beaucoup de grâce, nous l'avons vu tirer sucessivement, avec avantage, avec MM. de Villeneuve, Borda, Lantiéri, Marotte, Alfonso de Aldama. Son jeu est très nerveux, — peut-être un peu trop nerveux, — très vigoureux, plein de rouerie, de vitesse et de précision. Les jambes sont excellentes, des doigts de fer, beaucoup de jugement et d'allonge. Il attaque volontiers par des coups simples sur les préparations de son adversaire, mais préfère attaquer en marchant et en cherchant à tromper l'épée. Il riposte du tac au tac.

C'est un tireur fort apprécié dans le monde de l'escrime, dans lequel on est toujours sûr de le voir figurer avec succès.

Giobergia a été formé par Pons, dont il est le meilleur élève, et si, dans les parades, il apportait un peu plus de brio, il pourrait prendre place à côté de L'Angle-Beaumanoir, de Lindemann, d'Alfonso de Aldama, de Chastelain, etc.

Encore un peu de plastron et le pas sera franchi.

M. GIVIERGE

Les hommes d'épée dont j'ai déjà esquissé le portrait sont en même temps et surtout des hommes de fleuret. Celui dont je vais vous parler ici est pour ainsi dire l'épée faite homme, bien qu'il n'ait, je crois, jamais eu d'affaire. Ne voulant voir dans l'assaut que l'image du combat, M. Givierge s'est exclusivement consacré à l'étude de l'épée en vue du duel. N'ayant pas le loisir d'employer dix ans de sa vie à apprendre le jeu conventionnel du fleuret, il a abordé tout de suite le jeu de terrain, qui est comme la quintessence de l'autre. Il est élève de Mimiague, le sympathique professeur de la rue de Richelieu. Naturellement ardent et nerveux, il a puisé dans les leçons du maître la patience et le sang-froid, si bien qu'il possède maintenant les deux qualités principales du tireur d'épée : l'à-propos et la vitesse.

Il tient toujours son adversaire à une très grande distance, attaquant le fer par des battements, des froissés, des liements, ne se fendant jamais qu'à demi, visant seulement les avant-postes, c'est-à-dire la main, le bras, le genou, la tête, et toujours prêt, s'il est paré, à la reprise d'attaque ou à la contre-riposte en plein corps. Au reste, il passe très facilement de l'offensive à la défensive, et, comme parades, il affectionne particulièrement le contre de sixte seconde, et le contre de quarte septime, qui le protègent admirablement dans toutes les lignes. Voilà le tireur. Quand nous aurons dit, enfin, qu'il a toujours la main bien placée, et qu'il se dissimule derrière cette main d'une extrême mobilité, nous aurons constaté que M. Givierge est un des jouteurs les plus redoutables. J'ai peut-être eu tort de divulguer en partie les ressources de son jeu; mais j'espère qu'il ne m'en voudra pas, étant d'une école où il est de règle absolue de ne jamais tirer de routine, et de varier à l'infini sa manière suivant celle de l'adversaire.

RAPHAEL MONNIER

Raphael Monnier est un Lyonnais pur sang, de taille moyenne, solidement bâti, plein de force et de vigueur, aux cheveux complètement blancs, quoique ne frisant que la quarantaine; sa bonne humeur, qui aurait désespéré le maréchal Castellane, est constante, et il la manifeste par un agréable sourire, qui rayonne fort à propos sur sa physionomie un peu trop expressive. Doué d'une politesse et d'une modestie bien rares chez un amateur de sa réputation, il accepte courtoisement toutes les occasions de se rencontrer avec un adversaire digne de lui, et laisse de côté les petites préoccupations du résultat, qui retiennent inactifs tant d'illustres fleurets. Raphaël Monnier est un beau joueur, qui touche, et qui touche bien, infatigable, et possède mieux que personne « le calcul de la distance ». Son jeu est semé d'embûches et de surprises; il est sage, sobre de grands mouvements. Il attaque de loin avec une grande finesse de doigté et allonge le bras au delà de la distance ordinaire.

Une des parades que Raphaël Monnier a bien dans la

main est un ou deux simples et un contre qu'il lie ensemble, contre qui est toujours exécuté à la finale du coup; sa riposte est foudroyante. En garde, il se plante comme un roc et reste inébranlable ; sa main est bien placée et le fleuret qu'elle tient est dans une ligne qu'il n'est pas aisé de déranger, car pour peu qu'il s'écarte une demi-seconde, il revient instantanément à sa place, après avoir rapidement paré et placé sa riposte au bon endroit. Son coup favori est le coupé sur les armes, et presque toutes ses phrases se terminent par ce coup, que Caïn exécute d'une manière merveilleuse et inimitable.

Dans les assauts qui eurent lieu à Lyon, Raphaël Monnier se rencontra avec les excellents professeurs Jacob et Georges Robert, auxquels il donna une rude besogne. Se mesurer contre un tireur de cette force, pour un amateur, c'est de la haute témérité, et il a fallu toute la science en escrime que possèdent Jacob et Robert pour s'en tirer aussi convenablement.

Élève de la salle de la rue Confort, qui compte comme principaux tireurs : Baron, Rebillot, d'Auteville, Clerson, Gonet, Chaume, Jouve, baron de Sessé, Vingtriner, Bischoff, d'Armancourt, etc., Raphaël Monnier est un des plus beaux fleurons de la couronne de Voland, ce professeur hors ligne que nous avons pu apprécier nous-même à l'époque où nous fréquentions sa salle. Raphaël Monnier lui a voué un culte des plus ardents, parce qu'il sait que, pour devenir un tireur émérite, il faut être guidé par une épée expérimentée.

Dernièrement, il disait :

« Pour former un bon élève, il faut un maître qui

possède toutes les facultés de l'escrime; et à cette science acquise par l'expérience il faut qu'il joigne la patience, car je ne connais aucune profession où il faille autant de patience que celle de maître d'armes.

Aussi bon tireur au pistolet qu'à l'épée, Raphaël Monnier remporta en 1875 le premier prix de tir au pistolet, au tir international donné au profit des pauvres.

AUMONT-THIÉVILLE

Aumont-Thiéville, qu'on rencontre fort peu aujourd'hui dans les salles d'armes, est une de nos meilleures lames. Il est de grande taille, et, quoique ayant dépassé la quarantaine, il a conservé toute sa vigueur juvénile. Il se distingue par la sveltesse élégante des hommes de race; sa physionomie, qui rappelle celle de Léon XIII, très expressive, est éclairée par deux yeux vifs et doux à la fois; son teint mat et le contour de sa lèvre complètent sa ressemblance avec le chef de la chrétienté.

Aumont-Thiéville, personne ne le devenirait quand on le voit l'épée à la main, est un parfait notaire, dont l'étude, située boulevard Bonne-Nouvelle, est une des mieux achalandées de Paris.

L'escrime n'occupe qu'une partie de ses loisirs. A quoi, me direz-vous, peut servir à un notaire de tirer l'épée ? Il est évident que ce n'est pas pour rédiger des testaments ou des actes de mariage qu'Aumont fait de l'escrime. Les témoins qu'exigent ces genres d'exercices ne sont pas ceux qu'on prend à la salle d'armes. Mais on peut faire de l'escrime par hygiène, et c'est pour cela, je crois, qu'il délaisse quelquefois l'étude pour l'épée; il est même regrettable de ne pas le voir plus souvent, car c'est un amateur qui connaît cette science comme pas un.

Aumont-Thiéville, qui a été un studieux de l'escrime, n'a pas de jeu particulier; il se règle sur son adversaire. Il joint aux attaques brillantes d'Alfonso de Aldama les parades concises de Fery-d'Esclands, les ripostes toujours nettes de Caïn, et il complète toutes ces qualités par une connaissance approfondie des arrêts et des temps. Saint-Albin, qui a écrit sur l'escrime un livre hors ligne, l'a défini : un tireur de tempérament.

Bien placé en garde, il ne se dépense pas inutilement; il sait attendre le moment favorable pour partir : on dirait qu'il prend une hypothèque sur un bien à venir.

Avec beaucoup d'à-propos, il pare les attaques sévèrement, en ajoutant, au besoin, une légère retraite de corps, et riposte du tac au tac avec une grande rapidité. Devant de brusques attaques, il emploie volontiers le contre de tierce, et, au besoin, le double contre, ce qui ne nuit en rien à la rapidité de sa riposte.

De fines absences d'épée, fort bien accentuées de la main, — ce triomphe de Vigeant, — servent tour à tour, dans le jeu difficile d'Aumont-Thiéville, de feintes et de préparations d'attaques.

Grâce à sa taille, il tire de loin et marche peu. Sa vigueur est sans pareille, et sa rapidité est telle qu'on dirait qu'il télégraphie ses coups. Son jeu, comme je le disais plus haut, est fort difficile à analyser, car il est semé d'embûches et de surprises. C'est une belle lame, et, comme telle, elle devait figurer dans cette galerie.

J.-C. DE MAGALHAEUS

MAGALHAEUS est un des membres les plus distingués et les plus recherchés de la colonie étrangère qui réside à Paris. Diplomate et sportsman, il est fort bien vu dans la haute société, où il compte de nombreux amis; ce qui ne l'a pas empêché d'avoir plusieurs affaires, dans lesquelles il s'est toujours montré parfait gentleman.

D'une taille moyenne, robuste et bien découplé, ce Parisien des bords du Tage est un de nos meilleurs escrimeurs. Sa figure mâle respire l'énergie, la volonté et la courtoisie. Ses traits sont fins, et ses cheveux bruns, qu'il porte toujours courts, commencent à se parsemer de fils d'argent; une petite moustache noire et soyeuse dessine le contour de sa lèvre aristocratique.

Constamment de bonne humeur, Magalhaeus rencontre

à chaque pas, sur sa route, des bonnes amitiés et des bonnes fortunes.

Il a commencé les armes à Lisbonne, et, depuis qu'il est installé à Paris, c'est avec Manniez — tout en faisant partie de l'École d'escrime française — qu'il fait des armes.

C'est un tireur de bel aspect, très régulier et possédant à fond la science de l'escrime. Ses attaques arrivent drues et franches; il pare très vite et très juste les contres de pied ferme; ses coups préférés sont les coupés-dégagés, et j'ai rarement vu un tireur ripostant aussi brusquement que lui du tac au tac. J.-C. de Magalhaeus est également un de nos meilleurs tireurs au pistolet.

LÉON RENAULT

M. Léon Renault, l'ancien préfet de police, est un homme élégant, de trente-quatre à trente-cinq ans. C'est un des plus sympathiques sportsmen que je connaisse. En escrime, quoique tout nouveau venu pour nous, c'est un tireur de mérite et de grand avenir. Son jeu est difficile et dangereux : il pare très vite et très juste les contres de pied ferme. Il est extrêmement énergique, et c'est à son énergie que le monde de l'escrime doit de le compter comme un de ses membres.

PELLERIN

D'une assiduité remarquable, il n'a jamais manqué de venir à la salle d'armes, même étant préfet de police.

M. Léon Renault est un des tireurs les plus académiques de Paris ; son jeu est si régulier, si franc, si beau, que tout le monde le recherche pour tirer avec lui. Les invitations ne lui manquent pas, et il les accepte de bon cœur, sans se préoccuper de l'influence que peut exercer sur sa réputation la force ou la faiblesse de son adversaire. Il tire pour tirer, bien plus que pour briller, et c'est peut-être à cette insouciance du coup de bouton qu'il doit de fournir presque toujours des assauts remarqués. Il fait grand honneur à son maître Collin, qu'on a décoré l'an dernier, non comme professeur de Léon Renault, mais pour les services qu'il a rendus au pays.

Léon Renault, qui est un tireur élégant, est habile à profiter des fautes commises ; ce qu'il préfère surtout, c'est de voir son adversaire l'attaquer, car il excelle dans la parade et la riposte, en variant avec le coup de temps. La souplesse de son poignet, l'habileté de son doigté, lui permettent d'exécuter avec une rare précision et une rapidité étonnante le battement de sixte par changement de ligne en marchant; le dégagement en quarte ne lui est pas non plus désagréable.

Il emploie également avec une grande adresse et surtout avec succès le double contre de sixte, en rompant pour prendre le temps d'octave.

Au fleuret, en un mot, Léon Renault dispose de toutes les roueries qui caractérisent le vieux tireur, et tous les samedis on peut le voir faisant assaut avec des maîtres militaires, auxquels il donne pas mal de besogne, ou, si vous le voulez, il taille — pardonnez-moi l'expression un peu trop militaire — de fortes croupières.

ARMAND SILVESTRE

Armand Silvestre est grand, robuste, et a été mince, ce qu'il aime à rappeler. Vanité d'antan ! Après avoir été démesurément fier de sa fente et de ses sauts en arrière, c'est à son poignet seul qu'il demande aujourd'hui ses moyens d'attaque et de défense ; — de défense surtout, car ce poète manque prodigieusement d'imagination dans l'attaque. Sauf les froissements d'épée, qu'il allonge avec beaucoup d'à-propos et de vigueur, avec dégagement en dessous, il ne tente guère les surprises, et la caractéristique de son jeu est surtout d'attendre les coups avec une patience de pêcheur à la ligne. Bien en garde, ne donnant jamais de fer, répondant aux feintes avec une discrétion extrême, il a pour idéal le coup droit et pour objectif le temps d'arrêt. Quelquefois cependant il trompe avec bonheur le contre de quarte dans la ligne basse. Mais son invention s'arrête là.

Le grand inconvénient de ce jeu, d'ailleurs sobre et classique, est de ne permettre ni à son adversaire, ni à lui-même, aucune de ces longues phrases qui sont l'honneur et l'élégance du fleuret, — dans la riposte pas plus que dans l'attaque, puisqu'il riposte généralement du tac au tac avec une rapidité extrême et se remet en ligne immédiatement, par l'engagement de quarte, plutôt que de risquer la contre-attaque. Il professe pour les coupés un mépris peut-être exagéré, et manque souvent les ripostes qu'il pourrait leur demander avec sécurité.

Ces défauts deviennent des qualités quand il abandonne le fleuret pour l'épée de combat, qu'il a, d'ailleurs, depuis dix ans, presque exclusivement travaillée et dont il aime à raisonner. Peu de tireurs sont aussi inébranlablement fidèles à la ligne et sont plus malaisés à en faire sortir. C'est un véritable jeu de mathématicien que le sien, et où se retrouve l'ancien élève de l'École polytechnique. Toujours en pointe au corps, il demeure lui-même irréprochablement couvert, et sa façon de rompre le bras tendu rend toute contre-attaque impossible à son adversaire.

Au demeurant, un tireur plus solide qu'élégant, plus méthodique qu'inventif, méditatif à l'excès quelquefois, et laissant passer l'à-propos, mais difficile à toucher et ne s'emballant jamais. Grande vigueur de poignet d'ailleurs, mais sensible seulement dans les ripostes rapides, puisque M. Armand Silvestre ne donne jamais de fer.

LE BARON DE FAUCONNET

Ancien officier de l'armée d'Afrique, le baron de Fauconnet est le fils du général de ce nom, tué sous les murs de Dijon pendant la campagne franco-prussienne de 1870. C'est un homme élégant, de trente à trente-deux ans, ayant à son actif dix-neuf duels, qui se sont toujours terminés à son avantage. Vous allez peut-être croire que le baron de Fauconnet est un duelliste de profession, élevé à l'école de ce Larillière dont nous parle Théodore de Grave; ah! que vous seriez loin de la vérité! Il n'y a pas à Paris d'être plus affable ni plus doux que lui; et si l'on tenait alsolument à avoir l'explication de tous ces duels, il faudrait la chercher dans la vie difficile de l'officier français à l'étranger.

La carrière militaire du baron de Fauconnet est marquée par les plus beaux états de services. Il s'est signalé comme officier pendant l'insurrection algérienne de 1870, où, à la tête de volontaires, il chargeait les Arabes révoltés, venus jusqu'à la Maison-Carrée, les dispersait et poursuivait les fuyards jusqu'à Beni-Houi, où, avec sa vaillance habituelle, il continuait la lutte.

Blessé grièvement à la tête, au moment où il venait d'arborer le guidon de son régiment sur la crête de Palestro, il continua, à côté du général Lallemand, à être associé aux opérations et aux fatigues de son régiment. Faisant preuve d'un dévouement et d'un courage à toute épreuve, il resta à son poste, malgré ses souffrances, pendant toute la journée.

Le baron de Fauconnet a toutes les qualités physiques du soldat français. Sa figure respire l'énergie, la force de volonté et la courtoisie.

En escrime, c'est un tireur de grand mérite. Il a la main bien placée, tire froidement, et ses coups sont très rapides. Sa tenue est irréprochable : aplomb, solidité, confiance audacieuse tempérée par la prudence, toutes les qualités d'un tireur qui connaît à fond les armes.

Il excelle à éviter la parade dans toutes les lignes ; il affectionne le coup d'arrêt sur la marche de son adversaire, et alors l'effet de ce coup est écrasant.

Mais son jeu favori consiste dans des attaques très *vites* et très régulières, faites par des dégagés et des *une-deux*. Il pare peu les ripostes, parce qu'il déploie toute son énergie et toute sa vitesse dans l'attaque, sans conserver les forces nécessaires pour l'éventualité de la riposte. Il n'offre pas une grande variété dans ses coups, ce qui permet à un tireur de tête de le combattre à l'aide de moyens inférieurs.

LE VICOMTE D'HAUTERIVE

Théodore de Grave raconte, dans *Les Drames de l'Épée*, l'histoire de trois combats qu'eut à soutenir un Bordelais du nom de Claveau.

Si je rappelle cette histoire, qui n'a aucune corrélation avec le portrait que je vais esquisser, c'est que les trois duels qu'a eu à soutenir un jour le vicomte d'Hauterive se sont présentés dans des conditions identiques.

D'Hauterive, je me dépêche de le dire, n'a aucune

ressemblance avec le héros bordelais dont de Grave nous a conté les hauts faits.

Le vicomte d'Hauterive, attaché au ministère des affaires étrangères, est d'une taille au-dessus de la moyenne. Il peut avoir de trente à trente-cinq ans; il a la physionomie très ouverte. Grand, svelte, doué d'une belle prestance, portant toute sa barbe blonde, solidement charpenté, c'est un des types les plus distingués du haut monde parisien.

Son existence est des mieux remplies ; ses loisirs sont rares, car on n'occupe pas en vain les fonctions qui lui sont confiées et qu'il a conquises à force de travail. Il est donc obligé de compter avec parcimonie les moments dont il peut disposer. Aussi n'est-il connu dans aucune salle de Paris. C'est chez lui qu'il fait des armes. C'est un tireur fantaisiste, qui attend l'adversaire de pied ferme, le corps crânement campé sur deux vigoureux jarrets. Il apporte dans son jeu la fougue et l'énergie exceptionnelles de son carctère. Son jeu est inégal, il pêche même par brusquerie; il emploie fréquemment les battements, et touche avec une sûreté et une force qui font de cruelles blessures, lorsque le plastron n'est pas là pour les empêcher.

Il a la garde couchée, le bras presque tendu, et se fend très loin. Il trompe l'épée comme pas un — à part Jacob, — dégage à merveille et atteint à une portée fabuleuse.

Son jeu est très solide; dans les attaques, il met une grande impétuosité, enveloppe parfaitement l'épée dans une parade de septime, qu'il fait suivre d'une riposte dans la même ligne, et profite de sa taille pour attaquer à longue portée.

Si D'Hauterive se met à faire des armes, sa place est retenue parmi les cinq plus forts amateurs de Paris, et nous croyons que cette place il ne tardera pas à l'occuper.

GUYARD-DELALAIN

Tireur très difficile, très vigoureux, qui fait encore honneur à Picard, son excellent professeur. Toujours très effacé, ne se livrant pas et attendant son adversaire, Guyard-Delalain exécute tous ses coups sans effort.

Son jeu brille surtout par des attaques de *une-deux* dedans sur un changement d'engagement. Il pare et riposte dans toutes les lignes, conserve sa main près du corps ; et sur l'adversaire qu'il amène à tromper le contre de tierce, il prend un temps dessous avec beaucoup d'à-propos.

Il conserve une immobilité impassible et s'applique à ne pas faire de mouvements inutiles. Son poignet vigoureux maintient correctement le fer dans sa ligne; le corps est solidement attaché au sol, et rien n'est moins facile que de déranger son équilibre ; la garde seule laisse un peu à désirer.

Il riposte, contre-riposte à propos et très vite. Il trompe

l'épée comme pas un et connaît admirablement l'escrime.

ACHILLE BROUTIN

Voici encore un studieux en armes, qui est arrivé, quoique n'ayant pas encore vieilli sous le masque d'armes, à être une de nos meilleures lames. Achille Broutin est attaché au secrétariat de la reine d'Espagne. C'est un jeune homme de vingt ans, de taille moyenne, svelte, bien pris, brun; C'est un homme aimable avec lequel il est agréable de se rencontrer. Sa place est marquée dans les dix premiers tireurs de Paris.

Broutin, qui est élève de son père, a une garde élégante et régulière; la main, qui est bien placée, rappelle la méthode de Bonnet. La fente seule laisse un peu à désirer; mais ce n'est rien; il corrigera ce léger défaut.

Son jeu est calme, classique; il pare avec une légèreté et une justesse telles qu'il pose à coup sûr la riposte sur la poitrine de l'adversaire. Ses attaques en marchant, bien filées, bien allongées, sont faites avec une grande vitesse. Ce qu'on peut encore reprocher à Broutin, c'est d'attaquer beaucoup trop en marchant et, malgré ses jambes, de ne pas chercher assez les coups de pied ferme. Mais, je l'ai déjà dit, tout cela disparaîtra, et ce jour-là, qui est proche, Broutin aura conquis sa maîtrise.

ARMAND SILVESTRE

Dans l'assaut qui eut lieu l'an dernier aux *Mirlitons*, auquel Achille Broutin prit part, son succès fut réel, et les nombreux tireurs qui assistaient à cette passe d'armes ont été émerveillés de la solidité de sa garde ainsi que de la finesse vraiment remarquable de sa main. Son coup favori, dans lequel, du reste, il excelle, c'est la contre-riposte simple, qu'il exécute sans s'égarer dans des phrases d'épée.

Broutin possède des qualités très grandes, et, s'il travaille, il ne tardera pas à être un tireur de premier ordre.

DU FOSSAT

Du Fossat, qui est un des bons élèves de Picard, est un tireur aussi adroit qu'élégant ; il ne tâtonne jamais et exécute tous ses coups sans effort.

Il affectionne surtout le contre de quarte, qu'il fait suivre d'une riposte en pointe volante, qu'il réussit, grâce à une grande finesse de main, avec une habileté surprenante, Il possède une dextérité de poignet qui lui permettrait de faire des tours de force en escrime s'il serrait un peu plus ses parades. Tireur d'allonge, son jeu est fort dangereux : malheur à celui qui marche ou se découvre, car ses coups d'allonge sont très bien saisis et d'une vitesse surprenante.

Très élégant, très carré en garde, il tire avec sang-froid et finesse. On aimerait à voir Du Fossat dans un assaut public, car il aurait un réel succès.

CHARLES RIVIERRE

A, des premiers parmi les amateurs modernes, compris que l'art de l'escrime nécessite de longues et patientes études. L'ensemble de ses brillantes qualités est dû à son incessant travail au plastron.

M. Ch. Rivierre a près de quarante ans ; il est de taille moyenne, solidement bâti, avec l'allure résolue d'un vrai chasseur à pied.

Sa physionomie, au teint un peu haut en couleur, est des plus agréables ; son caractère, plein de bienveillance et d'aménité, fait un heureux contraste avec la sévérité professionnelle exigée par ses fonctions (M. Charles Rivierre est avoué près le tribunal civil de la Seine).

L'escrime est devenue pour lui un délassement précieux aux préoccupations des affaires ; il en fait une récréation hygiénique ; il y puise de puissants éléments de force intellectuelle et physique.

M. Charles Rivierre a commencé l'étude de l'escrime il y a vingt ans, au collège Sainte-Barbe, avec Bonnet ; il eut ensuite pour professeurs Gâtechair et Caïn. Depuis quelque temps, il fait partie de la Société d'escrime dirigée par Mimiague.

Son jeu est plein de verve, d'entrain et de ressources.

Sa taille ne lui permet pas de faire des attaques de pied ferme; mais, doué d'un excellent coup d'œil, il dissimule ses marches en s'emparant habilement de l'épée, soit à l'aide d'une légère pression, soit par un battement par changement d'engagement ou à double engagement; il varie ses attaques en les faisant précéder d'une feinte en marchant.

Il dédaigne les « coups de temps », estimant avec raison que leur facilité d'exécution provoque l'abus de ce coup, qui amène généralement le « coup pour coup », et a le double inconvénient de rendre la main paresseuse à la parade.

AUJUBAULT

Aujubault représente un tireur inébranlable sur la planche. C'est un roc contre lequel viennent s'émousser la plupart des attaques. C'est un grand jeune homme âgé d'une trentaine d'années. Son jeu est vif et vite, sa main vigoureuse, et ses jarrets d'acier dénotent qu'il sait se servir de ses jambes. Il attaque franchement et nettement. Il a la main sévère dans la parade et fatigue beaucoup le poignet qui ne lui dérobe pas l'épée. Sa parade ordinaire est le double contre de quarte, qu'il sait prendre sans s'ébranler et assez serré pour trouver le fer.

Aujubault est un tireur très apprécié dans le monde de l'escrime, dans lequel il ne tardera pas à occuper une des premières places, lorsqu'il sera parvenu à corriger certaines petites imperfections. Il rappelle un peu par son jeu la méthode de Bonnet.

GUSTAVE LAROZE

Beaucoup d'amateurs assurent que M. G. Laroze est le meilleur élève de la salle d'escrime de Mérignac, — et, pour notre compte, nous n'y contredirons pas.

D'une taille moyenne, mais bien prise; adroit à tous les exercices du corps qui nécessitent de la souplesse, des nerfs et du souffle, M. Laroze est la personnification du gentleman passionné pour les différentes variétés du sport.

Le fleuret à la main, il peut défier à peu près tous les tireurs de Paris.

Son système est d'attaquer rarement; mais, quand il attaque, il le fait avec à-propos et vigueur.

Comme pareur, il est vraiment hors de pair. Beaucoup de vivacité et de justesse. Ne redouterait pas une comparaison avec M. Ferry-d'Esclands qui, pourtant, passe pour le roi des pareurs.

Par suite, ses ripostes du tac au tac se font extrêmement vite.

En un mot, M. G. Laroze peut être considéré comme un homme d'épée très redoutable, tant à cause de la vigueur de ses parades qu'en raison de la vitesse de sa riposte et de son grand jugement.

J. MANFRAIS

J. Manfrais est connu dans le monde de l'escrime sous le nom de « tireur marron »; non pas, comme pourrait se l'imaginer le vulgaire, parce que ses coups sont irréguliers, mais bien parce qu'il a l'habitude de revêtir un complet « marron » pour tirer dans les assauts publics.

Cette particularité, jointe à un jeu extrêmement personnel, n'a pas tardé à attirer l'attention des connaisseurs sur lui.

J. Manfrais n'est pas ce que l'on peut appeler un classique de l'épée; c'est plutôt un romantique à tous crins du fleuret. Son jeu, en raison de sa particularité, en fait un adversaire fort sérieux et surtout très dangereux au point de vue du duel. Il procède par attaques successives, par froissements et battements d'épée innombrables, détruisant complètement les attaques les plus savantes et rendant impossible toute phrase d'escrime un peu suivie.

Donc, malgré son âge, d'un fond étonnant et favorisé par une sveltesse quasi *sarah-bernhardienne*, ce tireur offre beaucoup de difficultés pour l'atteindre, et ce n'est qu'après de grands efforts d'énergie que l'on parvient à lui placer quelques coups de bouton sur la poitrine.

Il a commencé les armes avec Desmytère, il y a une quinzaine d'années, et continue toujours ses leçons trois fois par semaine avec lui dans la salle de Ruzé.

C'est un fanatique de cet art, qu'il travaille surtout au point de vue hygiénique.

LE PRINCE DE BROGLIE

Le prince est âgé de trente à trente-cinq ans environ; il est grand, blond, solidement constitué, et a tout à fait la physionomie d'un officier de cavalerie.

Sa figure est douce, et ses traits aristocratiques et fins.

Il a commencé les armes avant la guerre avec Desauty; mais, ce dernier étant mort il y a plusieurs années, il a continué avec Ruzé.

Le prince aime l'escrime et regrette de ne pouvoir y consacrer plus de temps; c'est un tireur assez difficile.

Il a la garde couchée, le bras presque tendu, et se fend très loin.

Ses attaques sont faites de pied ferme et presque toujours précédées de battements ou de pressions de fer; le coupé-dégagé est son coup favori. Il n'a peut-être pas la même supériorité dans ses ripostes, mais en se remettant en garde après une attaque, il embarrasse énormément l'adversaire par des redoublements ou des tentatives de temps d'arrêt.

En continuant les armes, le prince de Broglie deviendra certainement un des bons tireurs de Paris.

J. BARTHE

J. Barthe, surnommé par ses camarades de salle « le Rempart d'Haïti », est un grand garçon de vingt-cinq à vingt-six ans, aux traits fins et réguliers, à la chevelure d'ébène artistement bouclée; vrai type de créole, ce qui n'a rien d'étonnant, puisqu'il est né à Haïti.

Son air et ses manières sont distingués; il parle lentement, posément et poliment.

C'est un amoureux du fleuret. Il prend part à tous les assauts et y obtient de fréquents succès.

Sa garde est bonne; sa main droite est bien placée et toujours en ligne; aussi la pointe de son arme est-elle toujours prête à saisir l'adversaire dès qu'il fait une absence d'épée.

Attaquer, voilà son fort; parer n'est pas son faible, mais il le fait quelquefois avec un peu de précipitation et en penchant parfois un peu le corps en avant, ce qui le rend très difficile à atteindre, surtout en ligne haute. Il attaque de pied ferme par des coups simples et a une prédilection bien marquée pour la ligne basse.

Il a commencé les armes avec Ruzé, il y a quelques années; mais depuis un an il y a consacré tous ses loisirs, et vient régulièrement plastronner avec son professeur tous les jours. C'est évidemment un des tireurs les plus difficiles de la salle.

ACHILLE GOELZER

Grand, large d'épaules, doué d'une vigueur et d'une souplesse remarquables, Achille Goelzer est un homme élégant, approchant de la trentaine, dont la physionomie énergique est tempérée par un sourire bienveillant.

La coupe de ses vêtements, boutonnés jusqu'au menton, et une épaisse moustache relevée en croc, lui donnent une allure toute militaire. Industriel, doublé d'un artiste, il occupe les rares loisirs que lui laissent les exigences des affaires et de la vie mondaine, entre lesquelles il a su

LÉON CHAPRON

habilement partager son existence, aux sports intelligents de l'esprit et du corps.

Inscrit un des premiers parmi les élèves de la nouvelle salle Robert, rue du Helder, Achille Goelzer, n'ayant jamais tiré en public, est peu connu dans le monde de l'escrime, où il compte pourtant de bons amis.

Profitant de sa taille, il attaque de loin avec une vitesse et une fougue extraordinaires.

Ses coups sont rapidement combinés et exécutés sans effort ni tâtonnement. Son jeu se compose presque uniquement de coups droits et de dégagements; mais il affectionne particulièrement les une-deux en seconde, qu'il exécute avec une parfaite précision.

Il évite souvent la riposte par un saut rétrograde, ou emploie la parade de prime, qu'il exécute avec une dextérité surprenante.

Modeste, spirituel et parlant peu, il est d'un commerce agréable et d'une obligeance proverbiale.

E. PHILIPPON

E. Philippon est un homme élégant, de vingt-cinq à vingt-huit ans. Ancien sous-officier de cavalerie, il monte admirablement à cheval.

Il a commencé les armes chez Ruzé, en 1872, et depuis cette époque il est un des plus assidus aux leçons du maître, qui a une prédilection particulière pour lui, bien justifiée, du reste, par ses progrès et sa force actuelle. Il est peut-être, avec les fils Ruzé, le plus fort toucheur de la salle de la rue de la Bienfaisance.

Il a paru dans plusieurs de nos grands assauts publics, où son jeu solide et élégant a été fort remarqué.

Très grand et très robuste, E. Philippon a un jeu d'allonge remarquable, admirablement servi par des jambes excellentes. Il attaque volontiers par des coups simples sur les préparations de son adversaire, et se replace en garde avec une telle rapidité, qu'il est presque impossible de lui loger la riposte. Ses parades sont brèves et variées, et toujours suivies de ripostes, soit en ligne haute, soit en ligne basse. Il peut tirer sans désavantage contre les plus forts amateurs de Paris.

L'escrime occupe une grande partie de ses loisirs, qu'il partage entre la chasse, l'équitation et les sports intelligents.

BARON TOUSSAINT

(RENÉ MAIZEROY)

Vous l'avez rencontré cent fois sur le boulevard, à cette heure vague et charmante qui n'est pas encore le soir et où les terrasses des cafés débordent d'une cohue tapageuse. Grand, taillé comme un lutteur, toujours en deuil depuis l'horrible malheur qui l'a frappé cet été dans ses plus chères affections, gardant dans ses allures je ne sais quoi de militaire, on dirait, à voir ses quatre poils de moustache cavalièrement retroussés, sa bouche sensuelle et sa tête fine, presque hautaine, — d'un tout jeune sous-lieutenant débarqué pour la quinzaine dans la « bonne ville », et qui distraitement écoute, regarde tout ce grouillement de foire.

Le baron René Toussaint — car le nom de Maizeroy n'est qu'une signature de combat — sort en effet de l'armée, et c'est d'hier qu'il a jeté son épaulette par dessus les moulins et a gagné aussitôt de beaux galons dans la mêlée littéraire. Bon camarade, mais plein de mépris pour les vendeurs de mauvaise encre et les couards qui encombrent trop souvent les rédactions, l'auteur des *Souvenirs d'un Saint-Cyrien* dit carrément à tous sa façon de penser. Il ne peut comprendre les duels de quatre sous dont témoins et adversaires sortent ridicules comme des fantoches de comédie, ces échanges de balles où l'on brûle le plus souvent sa poudre aux moineaux pour avoir son nom dans un écho de journal.

On sent qu'il mettrait volontiers flamberge au vent et qu'il tenterait curieusement une seconde édition du duel qu'il eut en sortant de Saint-Cyr, dans une ville du Midi. Assez amusant duel d'ailleurs que celui-là !

Une troupe parisienne de passage jouait dans le théâtricule de l'endroit je ne sais quel opéra de Gounod. La diva, — une jolie fille un peu souffreteuse, — lassée, n'en pouvant plus, avait imploré l'indulgence du public. Les goujats du parterre répondaient par des sifflets et des huées. Alors, indigné et charmé peut-être de pouvoir jouer les d'Artagnan pour une belle Clorinde, Maizeroy se lève en plein tumulte et d'une voix sifflante crie par deux fois : « Silence, les voyous ! » Une façon de matamore politique du crû relève l'insulte au nom de la ville. On se bat le lendemain en Espagne. Cela dura trois quarts d'heure avec une véritable « furia », et les deux adversaires s'en tirèrent chacun avec deux blessures assez sérieuses. Les bons comptes font les bons amis, dit le proverbe.

René Maizeroy a sur la planche ce jeu sévère et régulier qu'on ne retrouve plus guère que dans les salles d'armes de régiment. Il prendrait le contre, comme on dit, dans une bague de femme, et ses ripostes sont superbes. On pourrait cependant lui reprocher cet « emballement » inconsidéré qui, dans la fin de l'assaut, le fait parfois se découvrir. Au demeurant, tireur dangereux et qui n'est pas le premier venu.

D'ARISTE

Le vice-président du Cercle d'escrime de la salle Robert est peut-être le plus jeune des vétérans de l'épée. Il y a vingt ans qu'il fait des armes, et il n'a pas trente-cinq ans. Grand, svelte, bien pris, il porte sur le visage et dans toute sa tournure le signe de son origine :

c'est un Béarnais pur sang. Il a dès lors, comme tireur, toutes les qualités de sa race. Très ardent et très prudent, il passe avec une grande aisance de l'offensive à la défensive. Son jeu n'est d'ailleurs pas facile à analyser, car il est extrêmement varié. Pourtant, il affectionne particulièrement les ripostes par le coupé, soit en sixte, soit en quarte, et il les exécute avec une grande vitesse et une grande précision. Comme attaques, ses dégagements de pied ferme sont très redoutables ; mais son grand cheval de bataille est la feinte du coupé en quarte, en marchant, coupé dégagé dessous. Tout cela est fait avec beaucoup d'entrain et de brio. En somme, il est, avec M. Broutin, le plus fort tireur de la salle Robert, et il peut, sans désavantage, entrer en lice avec qui que ce soit. Signe particulier : dans les assauts publics, il est réputé pour l'élégance de ses costumes noirs, qui troublent souvent la vue de ses adversaires, à tel point, qu'ils se demandent souvent si leur coup de bouton est arrivé *à destination*.

ROULÉS

CELUI-CI est un vrai « friand de la lame ». Tireur agréable, M. Roulès est fort connu dans le monde parisien.

La place qu'il occupe dans la galerie des amateurs de premier ordre est une des meilleures.

Age : un peu moins de quarante ans; grand, brun, sec, nerveux; visage aux angles fortement arrêtés. L'enveloppe est rude, mais l'homme est plein de bienveillance et d'affabilité.

A la salle d'armes, dans les assauts, M. Roulès ne choisit jamais ses adversaires et n'use pas de cette ficelle qui consiste à étudier longtemps le jeu d'un tireur en vue avant de se mesurer avec lui.

Un de ses grands plaisirs est de croiser le fer avec un tireur nouveau et inconnu. Chauvin et brave, Roulès a la fibre patriotique sensible par-dessus tout. Aussi mit-il un jour flamberge au vent contre deux officiers allemands qui, dans un lieu public, avaient inconsidérément parlé de la France et des Français.

Après avoir pris ses premières leçons d'un maître italien, — Raimondi, — M. Roulès continua l'escrime avec Boyer, qui développa ses brillantes qualités natives.

C'est un tireur d'allonge et de pied ferme ; son jeu a beaucoup de rapidité ; il attaque de préférence par battement suivi du *coup droit* ou du dégagement en *septime* sur préparation, et par la pression de quarte suivie du menacé *droit et coupé*.

Il part du *contre de sixte* et de la *septime, liée en se relevant,* qu'il fait suivre du *coupé-battez*.

L'allonge de son bras et la promptitude de son coup d'œil lui rendent très faciles de brillants coups d'arrêts sur les marches hasardeuses de l'adversaire.

Dans les derniers temps, il a peut-être un peu perdu de sa régularité et de son élégance de tireur; a-t-il, comme tant d'autres, abusé de l'assaut en délaissant trop le plastron ? Quoi qu'il en soit, un tireur de la valeur de Roulès ne s'écarte que momentanément des saines traditions de l'école classique, qui veut que la vitesse soit réglée par la précision, laquelle s'acquiert au plastron ; aussi nous le verrons le reprendre bientôt.

ALFRED STEVENS

Ma galerie serait incomplète si je n'y accrochais point le portrait de Stevens, cette physionomie parisienne, qui est celle d'un peintre de grand talent et d'un tireur de mérite.

Il ne faut pas croire que l'escrime nuise au talent du peintre. Cet art, composé tout d'équilibre, ne saurait en rien nuire à la délicatesse de main qui distingue ce maître. Du reste, il compte dans la famille des artistes d'illustres ancêtres. Raphaël était un escrimeur *di primo cartello*. Benvenuto Cellini, Velasquez, Salvator Rosa, maniaient l'épée avec une grande perfection, et l'*Espagnolet* Ribera, qui a été tué en duel, passait avec raison pour le plus célèbre spadassin de toutes les Espagnes ; et, sans remonter si haut, n'avons-nous pas de nos jours une foule d'artistes aussi célèbres comme tireurs que comme ciseleurs, comme peintres et comme statuaires ?

La liste en est longue; et si l'espace ne m'était pas mesuré, j'aurais encore bon nombre de portraits à donner, qui prouveraient, ainsi que je le dis plus haut, que l'escrime ne nuit en rien au talent du peintre et du statuaire. Racontons, à ce sujet, une anecdote assez curieuse. Un jour, Stevens se fait apporter à son atelier, par le prévôt de la salle Gâtechair, dont il suivait régulièrement les leçons, une paire de fleurets. Celui-ci arrive au moment où l'artiste était occupé à peindre un sujet quelconque. Après avoir suivi sur la toile, pendant quelques instants, le travail du maître, il lui frappa doucement sur l'épaule, en lui disant : « Prenez garde, monsieur Stevens, vous allez vous gâter la main; vous qui êtes un tireur de *vitesse* et un pareur hors ligne, vous ne trouverez plus *votre compte.* » Les craintes de ce prévôt étaient, il me semble, un peu exagérées, car la peinture ne nuit pas plus à l'escrime que l'escrime ne nuit à la peinture.

Alfred Stevens est né à Bruxelles; c'est une des figures les plus caractéristiques et les plus sympathiques du monde artistique. Tout jeune, il est venu en France, et s'est dévoué, sans réserve, à sa seconde patrie, à la défense de laquelle il a concouru avec le plus grand courage, pendant la guerre de 1870. Depuis longtemps, en récompense de ses immenses chefs-d'œuvre, Stevens est commandeur de la Légion d'honneur. La carrière artistique de Stevens est, du reste, marquée par les plus beaux états de services. Son atelier de la rue des Martyrs, où sont dressés sur des chevalets les portraits inachevés de quelques grandes dames, est le rendez-vous de toutes les illustrations du monde. Les grands-ducs de Russie, le comte de Flandre et autres notabilités impériales ou royales ont visité cet atelier, qui est un véritable musée, tant il renferme de jolies choses et de bibelots rares.

Alfred Stevens, dont les allures rappellent Bussy d'Amboise, a toutes les qualités physiques des anciens preux. Sa figure mâle respire l'énergie, la volonté et la courtoisie; une moustache noire et soyeuse est fièrement campée au-dessus de sa lèvre aristocratique. De taille élancée, c'est le type accompli du parfait gentilhomme.

Il excelle dans tous les sports et sa vigueur est sans pareille.

C'est à Bruxelles, avec Snouk et ensuite avec le célèbre Cordelois fils, que Stevens apprit à manier l'épée. C'est à l'école de ce maître qu'il a pris les qualités de doigté qui font de lui un tireur hors ligne. Bien placé en garde, il sait attendre; il ne prépare rien et il improvise la réplique sur l'entrée en matière de son adversaire. Son jeu, qui lui a valu plusieurs prix dans une série d'assauts publics à Versailles, est un jeu à sensation qui enlève; et le vieux Robert, s'il était encore de ce monde, pourrait vous raconter l'histoire de l'assaut qu'il fit avec lui, assaut qui révéla les qualités inouïes du jeune tireur Stevens. Il riposte du tac au tac avec une grande rapidité; et sa parade a cela de bon qu'il la varie avec facilité, passant du simple au contre et du contre au simple.

Alfred Stevens, qui peut se mesurer avec les premières lames de Paris, a renoncé depuis longtemps aux assauts publics. C'est dans son jardin, où il a pris pendant plusieurs années les leçons de Jacob, qu'il se livre, en été, à ses ébats de fleuret. Quelques intimes sont quelquefois conviés à se mesurer avec le maître, qui est un tireur plein de brio, une véritable spada.

COMTE CARLE DES PERRIÈRES

Arsène Houssaye n'a jamais été aussi bien inspiré que le jour où il a donné à Des Perrières le surnom de « Don Quichotte fils ».

Grand, maigre, la moustache blonde et retroussée, le nez effilé, il ressemble au noble hidalgo, comme une gravure de modes ressemble à une gravure de reître de Callot ; le costume seul a été changé.

L'auteur de *Jean Politis*, de *Rien ne va plus*, des *Figures de cire*, d'*Un Parisien au Caire*, et des articles signés Karl dans la *Vie Parisienne*, est une fine lame et un fin coup de pistolet triplé d'une fine plume.

Ses nombreux duels lui ont créé une place à part dans le monde de l'escrime, dont il est un des plus brillants représentants. C'est un tireur fort élégant, qui est à la fois attaqueur, riposteur et pareur.

Des Perrières a suivi en amateur l'armée serbe pendant la campagne qui a précédé la grande guerre turco-russe.

Le sabre d'une main, le crayon de l'autre, bataillant

HENRI FOUQUIER

ici, notant là-bas, il s'est révélé, dans ses *Notes d'un insurgé de Serbie*, historiographe plein d'humour.

Cadet de famille, petit-fils d'un lieutenant général pair de France, qui fut l'ami le plus intime de Louis XVI et l'ami du duc de Berri (puisqu'il était à côté de lui dans son carrosse le jour où ce malheureux prince fut assassiné), Carle Des Perrières est d'un légitimisme ardent et, quoiqu'il n'ait jamais fait de politique militante, ne cache point ses opinions. En cela comme en toute chose il est bien le fils de Don Quichotte.

Bachaumont, le spirituel chroniqueur, terminait dans le *Constitutionnel* le portrait de Carle Des Perrières par deux mots bien flatteurs qu'il ne nous en voudra pas de reproduire ici : un cœur d'or dans un corps de bronze.

ARTHUR RANC

De taille moyenne, rendue plus petite encore par un léger embonpoint, solidement bâti, plein de force et de vigueur, Arthur Ranc est la meilleure épée de la salle Jacob. Son teint est coloré, et ses cheveux, qu'il porte très courts, commencent à grisonner. Une petite moustache noire se dessine crânement sur sa lèvre, et son regard plein de finesse s'abrite derrière un lorgnon.

Le jeu de Ranc consiste dans des attaques très *vites* et très régulières, faites par des dégagés et des une-deux ; il tend à ses adversaires des pièges réellement habiles qu'il est difficile d'éviter.

Il a des jambes excellentes, des doigts de fer, beaucoup de jugement et d'allonge. C'est un tireur de tête par excellence. Il manie l'épée depuis son jeune âge; au lycée de Poitiers, où il a été élevé, il était déjà d'une certaine force. La science de Ranc est très grande; il possède tous les secrets de l'épée, et lors de son duel avec Paul de Cassagnac, il est arrivé, en se servant du même jeu que son adversaire, à le blesser; il est vrai qu'il fut blessé également. Il attaque soit de pied ferme, soit en marchant, par des battements suivis de coupés qu'il exécute avec une vitesse foudroyante; il conserve la main haute et enveloppe parfaitement l'épée dans une parade de septime. Les dégagements d'immobilité et ses coups droits sur les dégagements de son adversaire sont foudroyants de rapidité. Il trompe l'épée avec une telle finesse qu'on jugerait qu'il n'exécute que des coups droits.

LES HOMMES D'ÉPÉE

1er SUPPLÉMENT

LE BARON DE SAN MALATO

BARON DE SAN-MALATO

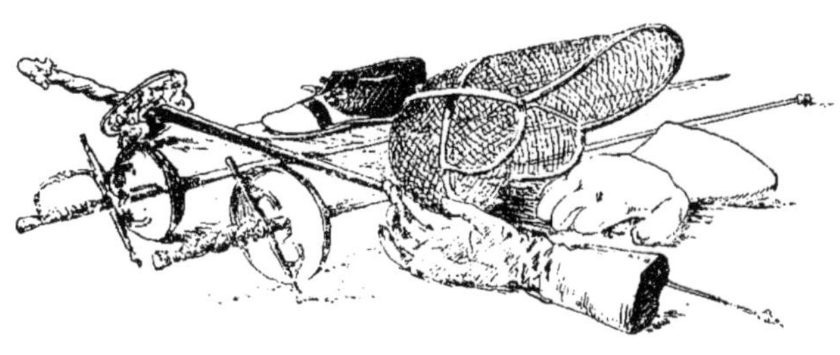

LE BARON DE SAN MALATO

RAREMENT le monde de l'escrime n'a eu à s'occuper d'une personnalité aussi curieuse que celle du baron de San Malato, cet étranger qui nous est venu précédé d'une grande réputation.

Né en Sicile, fils d'un gentilhomme qui, bien que Sicilien, avait, par trente et une années de séjour à Paris, conquis de quasi droits de nationalité française, San Malato a sucé, avec le lait, l'amour de la patrie d'adoption de son père; à la chaleur méridionale de son sang il a joint le brio, l'entrain de nos compatriotes.

Ce point ne devait pas être passé sous silence, puisque le baron a eu peut-être, suivant nous, la malechance d'être présenté comme un adversaire des Français par des amis porteurs de pavés...

On a imprimé que San Malato a eu la jeunesse la plus orageuse du monde; héritier d'une grande fortune, il l'a jetée aux quatre vents de sa fantaisie d'artiste-gentilhomme; qu'il a reçu plusieurs blessures dans des rencontres sans nombre; tous ces détails biographiques sont vrais. Bien des gens pourraient dire avec quelle inépuisable générosité il ouvrait jadis sa bourse aux souffrants.

Mais, ce qui n'est pas exact, ce qui a été publié sans que l'auteur prît garde aux conséquences de son étourderie, c'est le désir qu'aurait eu San Malato de vaincre, coûte que coûte, les maîtres de l'escrime française.

Il est vrai, comme on l'a écrit ailleurs, mais avec des exagérations de style bien regrettables, que, dans une rencontre avec des brigands siciliens, San Malato fut épargné courtoisement par ceux-ci, quand son nom leur fut connu; il est vrai encore que, lors de son duel avec le chevalier Pie, il s'est absolument borné à parer les coups de son adversaire, pour accomplir la promesse qu'il avait faite à la mère du jeune homme.

Mais, ce qu'il faut rétablir avant tout, c'est le but que se propose San Malato en venant à Paris : loin de vouloir porter un défi général et présomptueux à tous les tireurs français, dont il a toujours admiré en connaisseur les brillantes qualités, il n'a songé, cela est évident, qu'à faire apprécier son propre jeu par nos amateurs, et — pourquoi ne pas le dire ? — à tirer un légitime avantage de ses longues études dans ce bel art de l'escrime qui nous passionne tous.

Ce projet du tireur sicilien, il l'avait exposé clairement, franchement et sans équivoque, dans une lettre datée de Florence, écrite il y a environ deux mois, au directeur d'un journal du matin, et dans laquelle se trouvaient ces mots :

« ... Vous dites, Monsieur, que je me rends en France pour me mesurer avec vos premières lames : Caïn, Vigeant, Jacob et Mérignac...

« Non pas : je vais à Paris pour enrichir mon répertoire d'escrime, pour obtenir de mon talent un profit bien légitime... Et quant à vos compatriotes, Monsieur, j'ai appris de mon père à les aimer; quelle que soit l'issue de mes assauts à Paris, j'aurai eu un seul mérite : celui d'avoir fait choix des plus forts tireurs qui soient! »

Cette lettre, que ne l'a-t-on publiée? On eût évité à notre hôte certains désagréments, suite d'une série de fausses et défavorables appréciations.

Aussi ne sommes-nous pas surpris de l'étonnement éprouvé par San Malato en présence de l'accueil qu'on lui avait réservé pour son premier assaut.

D'une nature énergique, d'une constitution extraordinairement robuste, le baron est en même temps d'une grande douceur de caractère et d'une exquise affabilité de manières. Devant une injustice, il souffre; il ne songe jamais à menacer.

On a beaucoup parlé de la protestation des tireurs de Naples. Mais ne faudra-t-il pas en rabattre quelque peu quand tout le monde saura comme nous que la première lame de Naples, incontestablement, a reconnu la supériorité de San Malato *en lui faisant des excuses surle terrain ?* Voilà un fait qui a bien sa signification.

Le baron de San Malato est un homme de taille petite, doué d'une force prodigieuse et d'une vigueur extraordinaire. Vif, souple, mince, élancé, il étonne par son agilité. Jamais personne n'a déployé plus de grâce, plus de régularité. Il a un développement superbe ; sa main le rend toujours maître du faible de son adversaire ; son pied gauche, solidement établi, ne varie jamais, et sa jambe droite reste constamment perpendiculaire. Cette réunion de moyens lui procure ce bel aplomb qui le facilite à se relever d'un seul temps et à repartir aussitôt avec la vitesse de l'éclair.

Ménageant bien sa vitesse, il ne l'emploie qu'à coup sûr. Il a l'esprit présent à tout et ne tire jamais sans être assuré du fer. S'il s'aperçoit qu'on lui oppose un mauvais jeu, le fer est dérangé par des battements si vigoureux et si élastiques que le bras en est brisé. Qu'on juge des développements hardis qui s'ensuivent.

En tirant avec ses amis, il a une complaisance extraordinaire, et, pour juger son talent, il faut être assez avancé dans les armes pour tirer avec lui ; c'est alors que l'on reconnaît toute sa supériorité.

AFFAIRE PONS-SAN MALATO

Voici les circonstances de l'affaire qui ont motivé une rencontre entre Pons et San Malato.

Il y avait assaut dans la salle Caïn, et San Malato était sur la planche en face de Paul Ruzé. Gâtechair présidait la séance, ayant Pons neveu pour voisin. Celui-ci, pendant que les adversaires étaient aux prises, exprima, assez haut pour être entendu, son opinion sur le jeu du tireur étranger. Comme l'appréciation était peu favorable, San Malato s'arrêta, releva son masque et s'écria :

« Monsieur le maître, si vous voulez me donner une leçon, prenez un plastron et un fleuret et mettez-vous en garde. »

L'assaut continua, et Pons, ne se bornant plus à exprimer son opinion sur San Malato, donnait des conseils à Ruzé. San Malato s'arrêta de nouveau et dit à Pons :

« Monsieur, je vous prie de vous taire. Si vous avez à vous en prendre à moi, vous me trouverez demain, » et il donna son adresse.

Quand l'assaut fut terminé, Pons s'avança vers San Malato.

« Je n'ai pas à causer avec vous, » lui dit celui-ci.

Hier matin Pons a envoyé ses témoins à San Malato, réclamant des excuses. C'était MM. Barthe et Michel. San Malato avait déjà constitué les siens, le capitaine Derué et Caïn. Les quatre témoins se réunirent immédiatement et le capitaine Derué prit la parole :

« Je m'étonne, dit-il à Michel, que vous souteniez une cause contre laquelle vous avez plaidé l'an dernier. Je ne saurais approuver un procédé qui est en dehors de toutes les règles adoptées, et qui ferait, s'il était admis, dégénérer les assauts en tournois ridicules, d'où la courtoisie serait exclue. J'estime que non seulement M. de San Malato n'a pas d'excuses à faire, mais, au contraire, qu'il a à en réclamer. »

Là-dessus, le capitaine déclara se retirer, et, les conditions d'un combat étant à régler, céda sa place à Brun-Buisson, pour que deux maîtres d'armes fussent en présence de deux autres maîtres d'armes.

Après avoir épuisé toutes les tentatives de conciliation, les témoins arrêtèrent les conditions du combat. Pons devait se servir de l'épée française et San Malato de l'épée italienne. Les témoins de celui-ci étaient Caïn et Brun-Buisson; ceux de Pons : Michel et Paul Ruzé.

LE DUEL PONS-SAN MALATO

Le duel Pons-San Malato a eu lieu le 4 mai 1881, à quatre heures du soir, au Vésinet. Les témoins, ayant été obligés d'avoir recours à un arbitrage, se sont rendus sur le terrain, accompagnés de MM. Paul de Cassagnac et Alfonso de Aldama. Plus de cent personnes, prévenues par nous ne savons qui, s'étaient rendues également sur le lieu du combat.

A quatre heures, les deux adversaires étaient mis en présence, et, après le traditionnel : *Allez, Messieurs*, les épées étaient engagées.

Le baron de San Malato, auquel l'arbitrage avait concédé le choix des armes, avait accepté, par condescendance pour M. Pons, l'épée française à lame triangulaire.

Comme nous ne voulons pas rappeler l'attitude de M. Pons, que nous avons blâmée dès le principe, contentons-nous de raconter purement et simplement la rencontre, qui a été un véritable événement pour le monde de l'escrime.

Aussitôt le fer engagé, le baron de San Malato, que nous tenons, malgré sa blessure insignifiante, pour un homme d'épée *di primo cartello,* a cru devoir faire le salut avant d'engager le fer.

Aussitôt après cette formalité, si toutefois nous pouvons employer ce mot, les épées se sont engagées absolument comme à un assaut de salle d'armes. Le baron de San Malato, n'abandonnant aucune des poses théâtrales qu'on lui reproche, a cru devoir, au moment où M. Pons s'est trouvé indisposé, profiter de ce moment pour demander un verre d'eau.

« Si M. le maître, a-t-il ajouté, est malade, j'attendrai. »

M. Pons se trouvant en état de reprendre le combat quelques minutes après, le baron s'est remis en garde avec sa grâce habituelle, se découvrant à chaque instant; quittant, pour ainsi dire, le fer de son adversaire, qui, disons-le tout de suite, n'a pas su en profiter.

Les engagements d'épée ont été rares; la garde de M. Pons, qui est un vieux maître d'armes, a laissé beaucoup à désirer, et nous croyons, avec beaucoup de ceux qui étaient au Vésinet, que le baron de San Malato s'est laissé toucher pour avoir voulu être le *Rossi de l'escrime.*

Nous sommes convaincu que M. Pons, qui avait cru, nous ne savons pourquoi, devoir amener toute sa famille sur le terrain, aurait été blessé le premier, si le baron San Malato s'était servi de la lame italienne, car, avant d'être blessé, il avait touché deux fois son adversaire.

Enfin, après cinquante-cinq minutes, M. Pons, qui avait touché légèrement au doigt le baron de San Malato, est arrivé à blesser de nouveau son adversaire sur un coup qu'un débutant en escrime ne se serait certainement pas permis, mais qui a été accepté et reçu par le baron San Malato, qui, s'avançant alors vers M. Pons, s'est écrié : « Merci, monsieur; vous me faites honneur, *car j'aime la France, et je suis blessé par un Français.* »

Voici le procès-verbal des arbitres :

« A la suite du procès-verbal d'arbitrage, les quatre témoins, c'est-à-dire MM. Ruzé et Michel, professeurs d'escrime, pour M. Pons; MM. Brun-Buisson et Caïn, professeurs d'escrime, pour le baron de San Malato, ayant laissé aux deux arbitres MM. Alfonso de Aldama et Paul de Cassagnac, la direction du combat, le procès-verbal qui suit a été dressé :

« La rencontre a eu lieu aux environs de Paris, à quatre heures moins vingt minutes.

« Plusieurs reprises se sont succédé.

« A l'avant-dernière, M. de San Malato a reçu un coup d'épée à la main. Les témoins et les médecins s'étant partagés sur la question de savoir si le combat continuerait, les arbitres se sont prononcés pour la continuation. A la dernière reprise, M. de San Malato a été de nouveau touché, et, cette fois, assez profondément; l'arme de son adversaire avait pénétré dans le bras jusqu'à l'os.

« Dans ces conditions, le combat devait être arrêté et l'a été. Les deux adversaires, dont la conduite a été au-dessus de tout éloge, se sont réconciliés sur le terrain.

« Nous devons constater que M. de San Malato a renoncé de son plein gré à son arme habituelle, qui est la lame plate, pour accepter la lame française, qui est triangulaire.

« ALPHONSO DE ALDAMA.
« PAUL DE CASSAGNAC.

« Paris, le 4 mai 1881. »

Voici maintenant le procès-verbal qui a été signé dans la soirée par les témoins :

« Paris, 5 mai 1881, 9 heures du matin.

« Ainsi que l'indique le procès-verbal d'arbitrage, les soussignés : MM. Michel et Paul Ruzé pour M. Pons ; MM. Caïn et Brun-Buisson pour M. le baron de San Malato,

« Se sont réunis lundi soir, 2 mai 1881, et ont décidé que la rencontre aurait lieu au Vésinet, devant la tribune de gauche du champ de courses, le mercredi 4 mai 1881, à 2 heures de l'après-midi, avec l'arme qui avait été choisie par le tribunal arbitral et consentie par les deux parties.

« L'arme désignée par M. Pons était l'épée de combat française, à lame triangulaire, et pour M. de San Malato, l'épée de combat italienne à lame plate.

« La rencontre a eu lieu hier mercredi, 4 mai, à trois heures et demie de l'après-midi, à l'endroit indiqué ci-dessus, et, par condescendance pour M. P. de Cassagnac, qui avait été choisi comme arbitre, les quatre témoins ont cru devoir de leur plein gré lui laisser la direction du combat, n'abandonnant pas pour cela les intérêts de leurs clients et la responsabilité qui leur incombait. Le combat a duré une heure et quart en cinq reprises.

« A la première reprise, un repos a dû être accordé sur la demande de M. de San Malato, et, à la seconde, le combat fut suspendu pour constater si M. Pons n'était pas atteint par *un coupé de volate* sur *un engagement préparatoire ;* il ne l'était pas.

« A la troisième, M. de San Malato, atteint d'une légère blessure à la seconde phalange du médius, l'avis des deux chirurgiens et des quatre témoins fut partagé sur la possibilité de la reprise du combat. C'est sur la demande de M. de San Malato, qui s'engagea sur l'honneur à déclarer son impossibilité de continuer dès qu'il y aurait engourdissement, que le combat reprit après un premier pansement.

« A la quatrième, un repos fut nécessité par un léger malaise survenu à M. Pons.

« A la cinquième, M. le baron de San Malato, atteint d'un coup d'épée au-dessus du poignet droit par un *contre-dégagement sur parade de prime*, les deux chirurgiens et les quatre témoins déclarèrent M. de San Malato hors de combat.

« Après le pansement, MM. Pons et de San Malato se réconcilièrent sur le terrain.

« Nous déclarons que les deux adversaires ont montré un courage et une bravoure au-dessus de tout éloge, et se sont conduits avec une courtoisie chevaleresque, selon toutes les règles de l'honneur.

« En foi de quoi nous avons rédigé le présent procès-verbal.

« Pour M. Pons :	Pour M. de San Malato
MICHEL.	CAÏN,
PAUL RUZÉ.	BRUN-BUISSON. »

LES HOMMES D'ÉPÉE

2e SUPPLÉMENT

MAITRES D'ARMES DIVERS

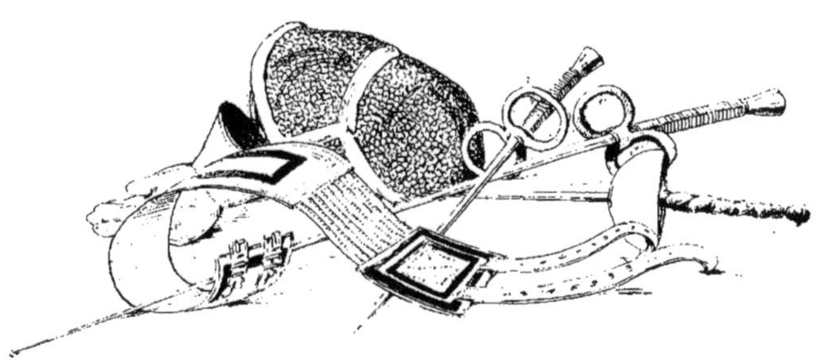

TRIGAULT

Trigault est le fondateur d'une des meilleures salles d'escrime de Lyon.

Élève du fameux Bonnet, dont il était resté l'ami, Trigault fut nommé premier maître au 79e de ligne en 1851 ; il avait alors vingt-sept ans. Il ne tarda pas à acquérir une réputation parmi ses collègues. Irréprochable dans sa tenue sous les armes, sachant gagner de vitesse ses adversaires ou les tromper par des feintes bien jugées, parant le plus souvent par des contres avec une sûreté et une rapidité peu communes, remarquable surtout par des ripostes qu'il faisait ordinairement du tac au tac, Trigault a été un des plus corrects et des plus forts tireurs de l'armée. On se rappelle encore à Paris ses assauts couverts d'applaudissements, avec Pons aîné, avec Bonnet, avec le baron de Bazencourt, le marquis de l'Angle, MM. Girard, Saucède et tant d'autres. Aujourd'hui encore il a conservé toute la rapidité de ses parades et de ses ripostes, et si ses jambes le trahissent quelquefois lorsqu'il tente un coup d'attaque, il est demeuré, surtout lorsqu'il se tient sur la défensive, un très redoutable adversaire.

Trigault est grand ; autrefois svelte et mince, il a pris un certain embonpoint. Il suffit de le voir pour reconnaître un ancien militaire. Très soigné de sa personne, distingué de manières et de tenue, Trigault a dans la physionomie quelque chose de martial. Il parle souvent de son maître, M. Bonnet, dont il a recueilli l'excellente méthode.

Trigault a pour sa profession une véritable passion, et toujours il a été entouré des élèves les plus brillants et les plus forts. Breton a été son prévôt au régiment, et ne l'a quitté que pour devenir, en 1864, premier maître au 2e régiment de hussards, puis, quelques années après, professeur à l'école de Vincennes.

Tous les amateurs d'escrime ont pu apprécier le mérite de Breton dans les assauts qu'il a faits contre Mérignac..... et les plus forts maîtres de Paris. Il joue constamment avec l'épée de son adversaire, devine ses coups d'attaque comme ses parades, et trompe le fer avec une rapidité et une légèreté de main qui lui ont valu une réputation méritée.

Marotte, premier maître au 12e d'artillerie, nommé adjudant au premier concours, est aussi un élève de Trigault.

M. Trigault a encore en ce moment auprès de lui un

autre de ses élèves, M. Frey, En 1872, lorsque Trigault quittait le régiment, son premier prévôt, Frey, alors âgé de vingt et un ans, était nommé à sa place. En 1874, il venait rejoindre son maître à Lyon pour se perfectionner dans l'art de l'escrime. Frey a fait cette année un séjour de vingt jours à Paris. Il a livré pendant ce temps quatre-vingts assauts, la plupart contre les professeurs de Vincennes et les maîtres militaires. Chaque assaut a été un succès pour le jeune maître. Frey est bien placé sous les armes et réunit à la rapidité de la main l'habileté à tromper le fer. Ses parades seraient parfaites s'il ne rompait pas un peu trop souvent. Actuellement, Frey est une des bonnes lames de France, et il est digne de se mesurer avec les plus forts. La salle de M. Trigault n'est fondée que depuis huit ans. Elle compte de très nombreux élèves, appartenant tous à la meilleure société. M. Trigault est très scrupuleux pour l'admission de chacun d'eux ; plusieurs sont des amateurs très sérieux et ont parfois combattu avec avantage contre des maîtres ; parmi eux on remarque le capitaine Cavillier, MM. Jules et Jacques Millevoye, M. le baron de Laypac, M. Gonin, M. Cozou, M. de Villard, M. Meaudre, Durnize, etc., etc.

ISIDORE VOLAND

VOLAND est un des maîtres d'armes les plus distingués et des plus sympathiques de Lyon. Quoique ancien élève de son père, il a passé par les salles de

Moreau, de Nantes, et du célèbre Jean-Louis, de Montpellier, qui, frappé de sa précoce habileté, le prit en grande amitié. A Lyon, Lafaugère, charmé de trouver tant d'heureuses qualités prématurées chez le fils de son ancien camarade, s'empressa de lui accorder un de ces brevets dont il était si peu prodigue.

Entré au service militaire aux chasseurs à pied, à Paris, son chef, le baron Nicolas, le plaça de suite sous les ordres du commandant d'Argy pour seconder cet officier supérieur dans l'organisation d'une école d'escrime. Réintégré dans son corps à Paris, Voland prit part aux assauts, tantôt dans les salles civiles, tantôt dans celles de l'armée, où il sut se faire distinguer des généraux présidant ou des amateurs d'escrime. A Metz, Voland eut plusieurs fois l'honneur d'être appelé à l'hôtel de la division pour y croiser le fer avec le général Marey-Monge, et à Besançon il tira contre Eugène Grisier. A Lyon, il sut se faire remarquer parmi les meilleurs tireurs, dans le grand assaut qu'il dirigea à l'Alcazar, au profit des petites filles des soldats, la veille de son départ pour la campagne d'Italie. Il préludait ainsi aux brillantes passes d'armes dans lesquelles il signala son adresse, à Turin, Milan, Plaisance, Gênes, etc., pendant les intervalles des batailles où il devait gagner la médaille militaire.

Le 5e bataillon de chasseurs à pied prit garnison à Paris lors de la rentrée triomphale de l'armée d'Italie. Voland justifia dans les meilleures salles combien il avait perfectionné son art, et, dans les assauts militaires, il reçut toujours des éloges. En 1863, au grand concours ordonné par le maréchal Baraguey-d'Hilliers pour toute l'armée du camp de Châlons, le prix unique des maîtres et le premier prix des prévôts furent remportés par deux élèves de Voland. A Lyon, l'année suivante, dans une séance au Casino, il tira au bénéfice d'un ancien soldat, et ce fut cet assaut qui détermina les préférences d'une société d'amateurs dans le choix de Voland comme leur professeur attitré.

Voland prit son congé en emportant l'estime de tous ses chefs. C'est alors qu'il fonda à Lyon la salle de la rue Confort, 5 ; salle bien disposée et bien organisée : salon de réception, vestiaire confortable, bibliothèque des livres d'escrime, tir au pistolet de salon et cabinet de toilette, rien ne manque de ce qui peut servir à exercer le corps ou à le maintenir en bonne santé après de violents efforts. La vaste salle d'escrime est particulièrement remarquable, à cause de sa commodité et de sa décoration originale. Voland n'a cessé de développer à Lyon le goût de l'escrime; il stimule l'ardeur de ses élèves par de nombreux assauts de maîtres, d'amateurs et de jeunes gens, car il a pour principe que la science des armes, une fois communiquée par la théorie des leçons, doit être complétée par le libre et intelligent usage de l'adresse personnelle, s'exerçant contre d'habiles tireurs, dont la science se transmet en quelque sorte par le contact du fer. Aussi la salle Voland peut-elle se flatter d'être une des mieux fréquentées et de compter au nombre de ses élèves d'excellents tireurs. C'est lui-même un beau et fort tireur, qui improvise en faisant des armes, lit très bien à première vue le jeu de son adversaire, possède un doigté hors ligne qui fait l'admiration de tous ceux qui le connaissent. Le jeu de Voland consiste surtout en un dégagement et un coupé sur les armes, reliés par un contre de quarte ; ces trois mouvements ne forment qu'un temps.

Les plus belles passes d'armes de Voland sont ses nombreuses rencontres avec Eugène Grisier ou Millon ; passes magistrales, restées gravées dans la mémoire des connaisseurs.

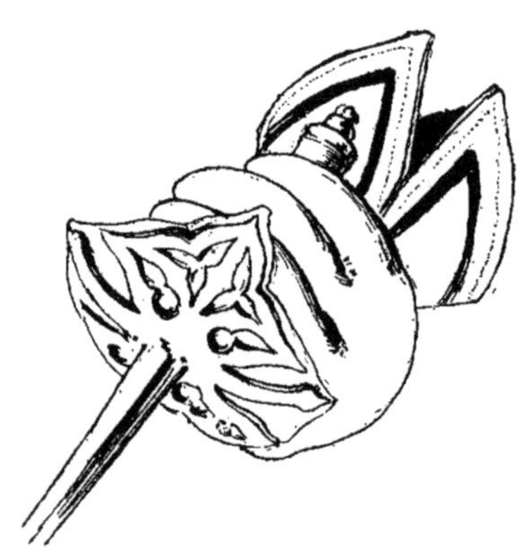

A côté des Hommes d'Épée, *dont je viens d'esquisser la physionomie, il reste bon nombre d'escrimeurs que j'aurais voulu faire figurer dans cette galerie. Malheureusemenet, il a fallu compter avec les exigences du livre; et, à mon grand regret, je me suis vu obligé d'en négliger beaucoup.*

Néanmoins, je crois devoir, en attendant que cette galerie se complète, faire défiler ceux dont j'aurais voulu parler, et dont je parlerai, si, comme je le désire, ce livre est accueilli favorablement par le monde de l'escrime.

Ce sont : MM. Paul de Cassagnac, Arcos, J. Arnaud, Henri de Pène, rédacteur en chef du Paris-Journal, *le baron Gaston de Guibert, le vicomte de Trébons, Henri de Fonbrune, Gustave Gœstchy, de la* Vie Moderne, *Paul-Casimir Périer, Georges de Vimont, le vicomte de Lassus, le marquis de Talleyrand-Périgord, le marquis de la Merced, Albert Girard (de Lyon), Charles Flor, Prince de Santa-Sévérina, le marquis de Beaumont, A. Tavernier, Bernadotte, de Vandière de Vitrac, Charles Pottier, le comte Lionnel de Bondy, de Bors, de la Martinière, Dolfus, Stéphen Jacob, Henri Bocage, Le Pilleur, le marquis de Valcarlos, Alphonse Boileau, le fils du général Fleury, Valadon, Siry, Dubloc, Germeau, Terwagne, G. Bruno, le baron de Bourdieux, comte d'Hespel, le capitaine de Saint-Didier, Souham, le comte Lejéas, le marquis de Mary, le capitaine Lourdel de Hénault, Bloch, Girard de Cailleux, de Vendel, J. Hottinguer, Beauvisage, Waill, le comte de Brissac, le comte de Faverney, le baron de Marçay, de Lareinty, de Montalivet, de Montgermont, le comte Hallez-Claparède, Armand Hennessy, duc de Vicence, de Pourtalès frères, le lieutenant Colombin, le comte de Comminges, Henri Vrignault, rédacteur en chef du* Soir, *Th. Poilpot, le prince de*

Chimay, le baron Albert de Béville, Albert Rogat, le vicomte de Pons, Henri Rochefort, Georges Sauton, Albert Delpit, Louis Ganderax, Pedro de Soraluce, le duc de Morny, le baron Palumbô, le vicomte de Lupé, Emmanuel Arène, du journal Paris, *Xifré, le comte de Maulmont, etc.*

Laissez-moi vous citer encore MM. Charles, l'ancien premier maître de l'École de cavalerie de Saumur, qui vient d'ouvrir une salle, 7, rue de Bourgogne, salle très fréquentée déjà ; Breton, un des bons professeurs de l'École de Joinville; les adjudants Oudin, du 18e dragons, Pène, de l'artillerie, Warille, du 82e de ligne, Lantiéri, un professeur italien de grand mérite, qui passe avec raison pour être un des premiers maîtres de contre-pointe, de Brunet, de Branger, d'Ardohain, de Rouzic, de Simon, un vieux vétéran de l'escrime, attaché aujourd'hui à la salle d'armes de l'Opéra, et qui a toujours été, avec Jacob, un de nos meilleurs professeurs pour la leçon de duel; Tenon; Gâtechair, fils du célèbre Gâtechair du passage de l'Opéra, Hyacinthe, Pellenq, Desglas, Fabre, Fosse, Gauthier, Gras, Hamel, Imbernotte, Mille, Sode, Auriol, Bérenger, etc.

Ma mission sera terminée lorsque j'aurai mentionné les salles de Bordeaux, où se trouvent Katzenfort fils et Chavet; celles de Nantes, où on rencontre comme professeurs MM. Vetstein et d'Havé, que j'ai connus en Russie; celles de Tristani à Nîmes, d'Oudard et de Loridan à Lille, de Brun à Grenoble et de Monsarrat à Toulouse.

BARON DE VAUX.

TABLE DES NOMS

TABLE DES NOMS

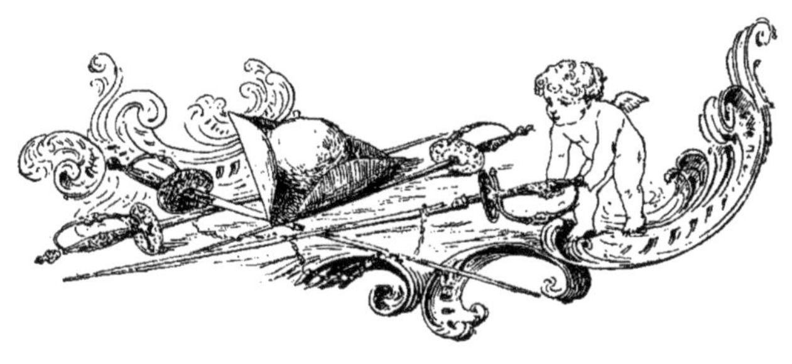

TABLE DES MATIÈRES

ACHEVÉ D'IMPRIMER

SUR LES PRESSES DE

CH. UNSINGER, IMPRIMEUR A PARIS

le 15 novembre 1881

POUR

ÉDOUARD ROUVEYRE

LIBRAIRE-ÉDITEUR

A PARIS

LISTE

DES ÉDITIONS D'AMATEURS

TIRÉES A PETIT NOMBRE

Imprimées avec grand luxe par les premiers imprimeurs de France

ET PUBLIÉES PAR

ÉDOUARD ROUVEYRE

ÉDITEUR

I, RUE DES SAINTS-PÈRES, A PARIS

Les ouvrages épuisés ne seront pas réimprimés

ÉDITIONS D'AMATEURS ET DE BIBLIOPHILES

Carnet d'un mondain.
L'intermédiaire des Chercheurs et Curieux.
Miscellanées Bibliographiques (1878, 1879, 1880).
Connaissances nécessaires à un Bibliophile (1re partie).
Connaissances nécessaires à un Bibliophile (2e partie).
Connaissances nécessaires à un amateur d'objets d'art et de curiosités.
Théâtre des Boulevards.
Les quatre heures de la Toilette des Dames.
Zélis au Bain.
Le Tableau de la Volupté.
Le Directoire.
Gazette anecdotique du règne de Louis XVI.
La Régence.
Traité complet de la Science du Blason.
Catalogue des Ouvrages poursuivis, supprimés ou condamnés.
Les Ruelles au XVIIIe siècle.
La Comédie et la Galanterie au XVIIIe siècle.
Mémoires du duc de Lauzun.
La Société galante et littéraire au XVIIIe siècle.
L'Opéra secret au XVIIIe siècle.
La cour et la ville au XVIIIe siècle.
Le luxe des livres.
Histoire de l'ornementation des manuscrits.
Recherches bibliographiques.
Bibliographie générale des petits formats, dits Cazin.
Manuel du Cazinophile.
Index librorum prohibitorum.
Centuria librorum absconditorum.
Les amateurs de vieux livres.
Histoire de l'Imprimerie.
Les Autographes en France et à l'Étranger.
Manuel du Bouquiniste.
De la matière des livres.
Un Bouquiniste parisien.
Ce sont les secrets des Dames
Croquis contemporains
Le Petit Monde.
Caprices d'un Bibliophile.
Le Bric-à-Brac de l'Amour.
Le Calendrier de Vénus.
Les Surprises du Cœur.
Du Mariage.
Idée sur les Romans.
Le Droit du Seigneur et la Rosière de Salency.
Les Tapisseries françaises.
Les Tapisseries d'Arras.
De la Poterie gauloise.
Traité de Décoration sur Porcelaine.
Annuaire de la Papeterie latine.
Notes d'un Curieux.
Description des collections des Sceaux-Matrices.
Poésies de Prosper Blanchemain.
La Verrerie antique.
Coups de plume indépendants.
Les Fleurs boréales.
Ameublement et décoration des appartements.
Art de vivre longtemps.
Art d'avoir des enfants.
Reliure d'un Montaigne.
Documents pour servir à l'histoire de la Librairie parisienne.
Pierrot sceptique.
Chair à plaisir.
Joyeux Devis.

Tous ces ouvrages se trouvent analysés, avec indication des prix et justification des tirages, sur le Catalogue de la librairie Éd. ROUVEYRE

Paris — Typ. Ch. Unsinger, 83, rue du Bac.

www.ingramcontent.com/pod-product-compliance
Ingram Content Group UK Ltd.
Pitfield, Milton Keynes, MK11 3LW, UK
UKHW022008170726
13837UKWH00001B/59